Thomas Roser

POST VOM BALKANSPION

Depeschen aus einem verschwundenen Land

Bibliografische Information der Deutschen Nationalbibliothek: Die Deutsche Nationalbibliothek verzeichnet diese Publikation in der Deutschen Nationalbibliografie; detaillierte bibliografische Daten sind im Internet über dnb.dnb.de abrufbar.

TWENTYSIX – Der Self-Publishing-Verlag
Eine Kooperation zwischen der Verlagsgruppe Random House und BoD – Books on Demand

© 2019 Thomas Roser
Fotos: © T. Roser – falls nicht anders vermeldet

Herstellung und Verlag:
BoD – Books on Demand, Norderstedt

ISBN: 978-3-7407-2984-4

INHALTSVERZEICHNIS

VORWORT   S.9

1. IN DEN SCHLUCHTEN DES BALKANS   S.11
   - Wissensdurstige Freizeitspione
   - Unsere und Eure Sprache
   - Nach dem Land verschwindet das Wort
   - Im Reich der politischen Wanderdünen
   - Fortschritt und Armut

2. SOCKEL UND HELDEN   S.27
   - Der späte Kampf um Titos Erbe
   - Partisanendrang in die Tiefe
   - Wladimir ist nicht mehr allein
   - Turmhohe Helden
   - Rocky kämpft für Žitište
   - Nur der Gipsadler hält Wacht

3. DIE WEISSE STADT   S.50
   - Drang zum Fluss
   - Zwanglose Nähe
   - Stadt der inbrünstigen Sänger
   - In Belgrad geht alles „glatko"
   - Sommerlicher Krisenblues
   - Brotlose Wasserspiele
   - Federer versus Nadal
   - Graffiti-Ikonen der Straßenhelden

4. REISETÜCKEN   S.73

- Die späte Rache der Missachtung
- Orientierungslos im Straßenkampf
- Viele Grenzen, viel Geldsegen
- Wappen gegen Vandalen
- In den Radler-Schluchten des Balkans

5. UNTERWEGS   S.85

- Weg von der Insel
- Der unerhörte Ruf der Bucht
- Trippeln und Drängeln
- Alt, tief und klar
- Geteilte Schankstube
- Der Lockruf des Blechs
- Olympische Privatpisten

6. FESTE UND FEIERN   S.107

- Honigkind und Fetzenhemd
- Verlängerte Festtagsfreuden
- Ferienzeit ist Hochzeitszeit
- Haus ohne Hüter-Ei
- Serbiens wichtigster Familientag

7. JAHRESZEITEN   S.122

- Serbische Fensterheizungen
- Sturm und Smog
- Tröpfelnder Hitzeregen
- Sommerlicher Melonenklang
- Hooligans als Frosthelfer

8. GEBRANNT, GEGRILLT & GERÖSTET   S.137

- Allheilmittel Rakija
- Der Wundersud aus dem Kupferkessel
- Das Geheimnis der bosnischen Ćevapi
- Knusprige Festtagsferkel
- Die süße Sehnsucht nach der Kremšnita
- Niedergang eines Magenfüllers
- Der Kaviar der Paprika
- Drang zum Krautfass
- Nahrhaftes Gehänge
- Der Lockruf der Balkantrüffel

9. DAS LIEBE VIEH   S.167

- Herrchenloses Hundeleben
- Die Plage des Amselfelds
- Kleines Land mit großem Bärenherzen
- Vom Pack- zum Creme-Esel
- Wimmeln und Wusseln
- Unter den Fittichen des Storchenvaters
- Glitschig, blind und leichenblass

10. LEBENSLAGEN   S.191

- Richter in Lederjacken
- Rückkehrer ohne Reue
- Flucht aus der Kornkammer
- Niemals erzieht man in Serbien allein
- Der wöchentliche Generationensprung
- Allmorgendliche Zeitungsqual
- Befreites Aufrauchen
- Mit Ungarisch nach Schweden
- Grenzenlose Herzensbande

ÜBER DEN AUTOR   S.221

Kaum mehr im gemeinsamen Ringelreigen des Kolo-Tanzes vereint: Die Völker des früheren Jugoslawiens versuchen sich nun als Solo-Tänzer

(Plakat „Bewahrt Jugoslawien". Quelle: Ausstellung „Jugoslawien vom Anfang bis zum Ende" 2012, © Museum der Geschichte Jugoslawiens, Belgrad).

VORWORT

Jugoslawien lernte ich zu spät, aus der niederländischen Ferne - und in seinen schwärzesten Stunden kennen. „Passen Sie doch bitte bei den Namen auf die richtige Schreibweise auf. Wir haben sehr viele Leser aus dieser Region!", reagierte ein Redakteur in Frankfurt 1995 mit leichtem Tadel auf meine ersten Berichte als Benelux-Korrespondent über das UN-Kriegsverbrecher-Tribunal in Den Haag. Elf Jahre später ereilte mich als Polen-Korrespondent in Warschau ein Anruf eines Wiener Redakteurs, der mich selbst ins zerfallene Vielvölkerreich beförderte: „Hast Du Lust, nach Belgrad zu gehen?"

Jugoslawien war verschwunden, als ich endlich im Dezember 2006 im Schneetreiben in der Weißen Stadt niederstrich. Kurz zuvor hatte sich selbst Montenegro aus dem Staatenbund mit Serbien verabschiedet. 2008 sagte sich Kosovo endgültig vom ungeliebten Mutterland los. Jugoslawien ist zur Geschichte geworden. Doch was ist vom untergegangenen Land der Südslawen geblieben?

Seit über einem Jahrzehnt durchkreuze ich die kommunikationsfreudigen Schluchten des Balkans. Es sind persönliche Alltagswahrnehmungen, die ich als Liebhaber des Seitenblicks seitdem in Briefen mit meinen Lesern teile: Meine Depeschen aus einem verschwundenen Land sind auch der Versuch, verbliebene Gemeinsamkeiten, aber auch Eigenheiten der Nachfolgestaaten zu beschreiben.

Kriege, Krisen und Urnengänge; Hochwasser und Massenmord; abgestürzte Flugzeuge und Karrieren; Sternchen und Stimmenjäger; Würdenträger und Wichtigtuer: Das Arbeitsfeld von Korrespondenten scheint unendlich – und ist doch oft begrenzt. Eher selten kommen persönliche Erlebnisse und die Gepflogenheiten ihrer Gastländer zur Sprache. Dabei ist ein Einblick darüber, wie der ferne Mitmensch über seine Nachbarn tratscht, Geburten, Hochzeiten oder Beerdigungen feiert, zum Verständnis anderer Kulturen oft genauso erhellend wie Analysen zum jüngsten Wahlausgang, kundige Portraits von Staatenlenkern oder düstere Konjunkturberichte.

Gerade im EU-Wartesaal des sogenannten Westbalkans sind die Segnungen der Globalisierung relativ schwach ausgeprägt: Es ist oft der menschliche Faktor, mit dem sich nicht nur landesspezifische Eigenheiten des Vielstaatenlabyrinths, sondern auch die Turbulenzen auf dessen von Trotz, Stolz und unersättlicher Raffgier bestimmten Politikparkett erschließen lassen. Der Großteil der Briefe ist in Belgrad verfasst. Doch die dort beobachteten Tücken des Alltags ähneln keineswegs zufällig auffällig oft denen der ex-jugoslawischen Nachbarn.

Anspruch auf Ausgewogenheit und die Wahrheit erheben die Beobachtungen des „Balkanspion" keineswegs. Denn das ex-jugoslawische Reich ist so facettenreich wie seine Küche - und das turbulente Leben der dem neugierigen Gast meist sehr aufgeschlossenen Bewohner. Zumindest hoffe ich, dass das Büchlein den Lesern eine Erkenntnis über den im Westen oft mit Vorurteilen überladenen „Jugović" vermitteln kann: Der Mensch ist ein Mensch, überall.

1. IN DEN SCHLUCHTEN DES BALKAN

Das einzige was in den politischen Abgründen der Balkan-Schluchten sicher ist, bleibt für deren geschäftstüchtige Gladiatoren der elastische Wandel. Nicht nur von gewieften Polit-Chamäleons unterzeichnetes Papier erweist sich im Vielvölkerlabyrinth geduldiger und strapazierfähiger als jede Eselshaut. Auch das gesprochene Wort gilt im Reich der politischen Wanderdünen meist nur bis zum nächsten Zungenschlag.

WISSENSDURSTIGE FREIZEITSPIONE
007 im Reportergewand: Das Eldorado der Hobby-Agenten

Ein kurzweiliger Sonntagabend sieht anders aus. In Schlips, Kragen und im Schweinwerferlicht schwitzen ab- oder wiedergewählte Würdenträger. Gehetzte Chronisten hapsen im Gedränge verzweifelt nach Zitaten - und Luft. Und dann quetschen sich auch noch lärmende Musikanten mit rumpelndem Hörner- und schrägen Ziehharmonikaklang durch die beengten Gänge schmuckloser Parteizentralen: Auch in Serbien gibt es angenehmere Sausen als die Wahlpartys nimmermüder Stimmen- und Pfründenjäger. Doch manchmal lösen sich im beengten Nachwahlchaos auch die Sieger- und Verliererzungen. Gefragt, warum ich trotz mehrmaliger Anfragen kein Interview mit seinen Chefs erhalten habe, offenbarte mir kürzlich ein Parteisöldner schulterzuckend Grundsätzliches: „Die wollten nicht mit Ihnen sprechen. Die glauben, dass Sie ein Spion sind."

„Balkanski špijun – Balkanspion" lautete der Titel eines jugoslawischen Kultfilms Mitte der 80er Jahre. Überzeugt, dass sein aus dem Westen heimgekehrter Untermieter Petar ein Agent und eine Bedrohung für die nationale Sicherheit sei, schnüffelte der paranoide Ex-Stalinist Ilija auf groteske Weise seinen Nachbarn aus.

In einer Region, in der Klatsch, Tratsch und Verschwörungstheorien immer Hochkonjunktur heben, beflügelt der Berufsstand der neugierigen Frager auch drei Jahrzehnte später noch stets die Phantasie: Der vermeintliche Auslandsagent im Journalistengewand wird grenzüberschreitend schnell erkannt.

„Wie geht's Deinem James Bond im Skoda?" erkundigte sich kürzlich in Belgrad der redselige Pizza- Bäcker Miša im Halbscherz bei meiner Freundin. Auf weniger freundliche Aufnahme stieß ich als angeblicher Agent hingegen in der kroatischen Krajina. „Mach, dass Du wegkommst, Du russischer Spion!", fauchten mich beim Fotografieren von zerstörten Häusern vertriebener Serben in einem Dorf erboste Einheimische an. Per Mail wurde ich derweil von den rührigen Mitgliedern eines deutschen Kroatenverbands erst als serbischer und dann als britischer Agent „enttarnt".

Ein empörter Wirtschaftsförderer des Staatenneulings Kosovo im fernen Wien wiederum brachte meine ihm missliebige Berichterstattung über die triste Wirtschaftslage seines Landes dunkel mit meinem Belgrader Wohnsitz in Verbindung. Auch Serbiens größte Patrioten und Verschwörungs-Theoretiker hausen im deutschsprachigen Exil: Vor allem in den ersten Jahren nach der Unabhängigkeit des Kosovo wurde ich in Web-Kommentaren regelmäßig als US-Agent oder Knecht des Westkapitals entlarvt.

Das Misstrauen gegenüber dem Nächsten sitzt in der Region der unvergessenen Kriege bei aller Leutseligkeit tief. Vielleicht ist es auch heimlicher Neid auf den scheinbaren Traumberuf des Spions, der im Reich der Geheimdienste die Agenten-Legenden blühen lässt. Denn nicht wenige Bewohner des zerfallenen Staats verfügen über das wichtigste Spionage-Rüstzeug: eine unersättliche Neugier, die vor der Privatsphäre keineswegs haltmacht. Ganz im Gegenteil.

Ob auf dem Markt, beim Straßenklatsch oder im Taxi: Mit verblüffender Offenheit werden in Serbien nicht nur Nachbarn, sondern auch Zufallsbekanntschaften und Fremde nach dem Gehalt, der Miete, dem Kredit, dem Wohl und Wehe der Familie und etwaigen Liebschaften ausgefragt - oder besser: ausgepresst. Zu den erhaltenen Infos gesellt sich eine lebendige Vorstellungskraft: Schlüsse werden gerne schnell und am liebsten nach eigener Erwartungshaltung gezogen. Meist mangelt es den mitteilungsbedürftigen Hobby-Spionen indes an der agentenüblichen Verschwiegenheit: Mit ihren Spionage-Erkenntnissen halten die klatschfreudigen Belgrader selten hinter dem Berg.

„Sie haben ja sehr viel Damenbesuch", kommentierte in meiner ersten Belgrader Behausung die allwissende Nachbarin Snežana mit hochgezogenen Augenbrauen die gelegentlichen Visiten von Kolleginnen und der Sprachlehrerin: „Gut, Sie sind jung. Aber Sie müssen selbst wissen, was Sie da tun." Auch eine kurz darauffolgende Zechtour bis in die frühen Morgen- stunden mit einem Besuch aus Polen ließ Snežana nicht unkommentiert. Schon wieder sei ich sehr spät „mit einer jungen Frau" nach Hause gekommen sei, bemerkte mit leichtem Tadel die selbsternannte Blockwärterin. Eine Antwort wollte sie ohnehin nicht hören – und habe ich ihr erspart. Die von ihr durchs Guckloch im Treppenhaus erspähte Liebhaberin hatte einen Bierbauch, eine Glatze – und hieß Krzysztof.

(Belgrad, Juli 2012)

UNSERE SPRACHE UND EURE SPRACHE
Ex-jugoslawische Nachbarn verstehen sich, aber sprechen nicht mehr dieselbe Sprache

Auch als später Jungvater ist man in Belgrad vor neugigen Nachfragen der Mitmenschen nie gefeit. „Ist das Ihr Enkel?", erkundigte sich kürzlich in der Straßenbahn eine weißhaarige Dame mit Blick auf meinen Gummibärchen kauenden Sohn. „Entschuldigen Sie bitte. Wir Serben sind halt neugierig", sagte sie und kompensierte den Versuch, mich der eigenen Großmutter-Generation zuzuschlagen, mit einem freundlichen Aushorchkompliment: „Woher kommen Sie denn? Sie sprechen unsere Sprache aber gut!"

Kommunikation ist mein Korrespondentengeschäft. Doch ein Sprachtalent bin ich ehrlich gesagt nie gewesen. Und egal in welcher Fremdsprache ich mich zu verständigen suche, die deutsche Einfärbung ist immer erkennbar. In einer von Auswanderung geprägten Region, deren Emigranten in ganz Europa sich die Sprachen ihrer Gastländer anzueignen haben, ist das egal – und jeder Fremde mit Kenntnissen der Landessprache hoch willkommen.

„Ah, Sie sind unser Schwager!", freute sich kürzlich die Krankenschwester in der Kinderklinik über meine serbischen Ausflüchte, nachdem sie zuvor streng die Lutschsucht meines Sohnes getadelt hatte: „Tun Sie ihm Paprika in den Schnuller, dann hört das auf!"

Unterlaufen mir an guten Tagen weniger Fehler, werde ich in Belgrad schon mal für einen Slowenen gehalten. Obwohl es natürlich Serbisch ist, was ich zu sprechen versuche, werde ich bei Recherchen in Kroatien, Bosnien oder Montenegro stets mit dem vertrau- ten Kompliment empfangen: „Sie sprechen UNSERE Sprache aber gut!"

Serbokroatisch oder Kroatoserbisch lautete einst der offizielle Name der wichtigsten Amtssprache von Jugoslawien. Nach dem Zerfall des Vielvölkerstaats hat Serbokroatisch als Begriff nur bei den Linguisten oft ausländischer Universitäten überdauert. Vor allem in Kroatien, aber auch in Bosnien und in Montenegro mühen sich patriotische Sprachforscher nach Kräften, sich mit Wortneuschöpfungen oder der Neubelebung archaischen Vokabulars von der einstigen Standardsprache abzusetzen.

Nein, ein Serbisch-Deutsches Wörterbuch habe sie nicht, beschied mir bei einem meiner ersten Sarajevo-Besuche einmal eine unwirsche Buchhändlerin. Auf meine Nachfrage, welches Wörterbuch Sie mir denn sonst als Ersatz für mein in Belgrad vergessenes Nachschlagewerk empfehle, entgegnete sie triumphierend: „Bosnisch-Deutsch!"

Vor allem das Kroatische zählt tatsächlich viele ureigene Wörter. Für meine ausländischen Ignorantenohren sind bei Besuchen in Zagreb indes wesentlich geringere Unterschiede zwischen Kroatisch und Serbisch als zwischen Schwäbisch und Hochdeutsch zu erhören. Größere Sprachvarianten sind innerhalb Kroatiens oder in manchen abgelegenen Tälern der Herzegowina auszumachen. Ob an der dalmatinischen oder montenegrinischen Küste: Am Meer hat die von mir mühsam erlernte Sprache dank zahlreicher „j" einen viel weicheren und fast schon singenden Klang.

Eher komisch muten denn auch einstige Versuche in Kroatien an, serbische Filme mit fast identischen Übersetzungstexten zu untertiteln. Bei manchen gescheiterten Friedensverhandlungen während des Bosnienkriegs sollen nationalistische Eiferer selbst auf Simultanübersetzungen bestanden haben. Pragmatisch gehen derweil die panjugoslawischen Dolmetscher im Kriegsverbrecher-Tribunal von Den Haag zu Werke: Sie übersetzen die auf Englisch geführten Prozesse der Einfachheit halber in „B/K/S" – „Bosnisch, Kroatisch, Serbisch".

Im Handel sind „B/K/S"-Sprachhilfen (noch) nicht erhältlich. Die Hilfe des Wörterbuchs muss ich aber zum Glück ohnehin stets seltener nutzen. Und wenn, greife ich aus praktischen Gründen immer weniger zu den neuen nationalstaatlichen Varianten im Bücherregal als zu einem auf dem Flohmarkt erstandenem „Standard"-Wörterbuch von 1953: Deutsch- Serbokroatisch, Serbokroatisch-Deutsch. Den Namen der offiziell verschwundenen Sprache nehme ich um des lieben Friedens Willen bei Reisen durchs Vielvölkerreich aber nicht in den Mund. Bei Bedarf spreche ich lieber von „Eurer Sprache" – egal wo ich bin.

(Belgrad, November 2010. Inzwischen nutze ich vermehrt auch Internet-Übersetzungshilfen.)

NACH DEM LAND VERSCHWINDET DAS WORT
Aus dem Alltag getilgt: Von Jugoslawien bleibt in seiner einstigen Hauptstadt fast nur noch die Erinnerung

Nicht nur das Holzplankengerüst vor unserem Belgrader Palast erinnerte uns die letzten drei Monate an längst vergangene Zeiten. „Jugogradnja – Jugo-Bau" prangte ein weißer Schriftzug auf den Overalls der emsigen Handwerker, die sich unermüdlich an der denkmalgeschützten Fassade unseres betagten Gemäuers abarbeiteten.

Über acht Jahrzehnte hatte das untergegangene Reich der Südslawen in unterschiedlicher politischer Form und territorialer Ausdehnung existiert. Doch selbst in seiner früheren Hauptstadt ist fast nur noch die Erinnerung an das offiziell 2003 verabschiedete Jugoslawien geblieben. Nach dem Land verschwindet das Wort: Längst sind die Zeiten vorbei, dass die JAT (Jugoslovenski Aerotransport) Touristen aus aller Welt nach Jugoslawien einflog oder beim Zagreber Plattenlabel „Jugoton" die bekanntesten Popstars zwischen Sloweniens Alpen und Montenegros Adria-Küste unter Vertrag standen.

Zwar beherbergt Belgrad noch immer das Jugoslawische Dramatische Theater und die Jugoslawische Kinothek: Beide Institutionen verstehen sich bis heute als Foren für Kulturschaffende des gesamten südslawischen Raums. Doch ansonsten ist der Begriff Jugoslawien weitgehend aus dem Alltag der nun serbischen Hauptstadt getilgt. Der Name des unter gegan- genen Landes prangt nur noch in Leuchtreklame- Lettern über dem Eingang des in die Jahre gekommenen „Hotel Jugoslavija".

Vom früheren Glanz der einstigen Nobelherberge ist nicht mehr viel geblieben. Denn dem einstigen Fünfsterne-Hotel in Neu-Belgrad ist es seit dem Zerfall Jugoslawiens nicht viel besser als seinem Namensgeber ergangen. In der 90er Jahren zeitweise im Besitz eines mittlerweile ermordeten Kriegsschergen beherbergt die 1969 am Donau-Ufer eröffnete Bettenburg inzwischen einen Glückspieltempel. Der Großteil des Hotels Jugoslavija steht ansonsten leer – und ist abgesperrt: Nur ein kleiner Teil der abgetakelten Herberge dient lärmbeständigen Nostalgie-Reisenden als preis- günstige Billig-Unterkunft.

Mit der Flagge des sozialistischen Jugoslawiens auf den Schultern und roten Tüchern um den faltigen Häl- sen ziehen in die Jahre gekommene Jung-Pioniere mit geballter Faust zwar am Geburtstag des einstigen Staatenlenkers Josip „Tito" Broz (1892-1980) noch immer zu dessen Marmorsarkophag in seiner Belgrader Grabesstätte. Doch auch wenn sich in fast allen Nachfolge-Staaten Tito-Museen und Retro-Kneipen finden, ist die Erinnerung an den im Kriegsjahrzehnt der 90er Jahren untergegangenen Vielvölkerstaat am Verblassen.

Wie in anderen Regionen des Balkans begannen sich im 19.Jahrhundert sowohl im Habsburger als auch im Osmanen-Reich erste Unabhängigkeitsbewegungen zu regen. Der bosnische Gymnasiast Gavrilo Princip löste als militanter Streiter für die Einigung der Südslawen mit seinem Attentat auf den österreichischen Thronfolger Franz Ferdinand 1914 in Sarajevo den Ersten Weltkrieg aus. An dessen Ende stand die Gründung des Königreich Jugoslawiens (1918-41). Aus dem Zweiten Weltkrieg ging das zweite Jugoslawien in Form einer sozialistischen Volksrepublik hervor. Die Jugoslawien-Kriege (1991-1995) sollten das faktische Ende des Vielvölkerreichs besiegeln. Das sogenannte Restjugoslawien firmierte hernach als „Bundesrepublik Jugoslawien", bevor es 2003 von dem drei Jahre später wieder aufgelösten Staatenbund Serbien- Montenegro beerbt – und beerdigt wurde.

Doch zumindest mein im mazedonischen Skopje zu Zeiten des Königreichs geborener Schwiegervater hat als Kind Jugoslawiens sein Geburtsland nicht vergessen. Am Abend würden die deutschen Basketballer auf „Jugoslawien, äh, Serbien" treffen, ließ mich der sportbegeisterte Momčilo bei der sonntäglichen Familientafelrunde kürzlich wissen.

Verschwundenes Land hin, neue Grenzen her: Als Korrespondent habe ich noch immer den gesamten Kosmos des Vielstaatenlabyrinths zu bereisen – und zu beackern. Für das Neujahrsfoto an die Lieben in der Heimat pflege ich mich darum alljährlich in ein etwas knapp gewordenes Jugoslawien- Shirt zu zwängen. Das dunkelblaue Foto-Utensil hatte ich einst bei einem Kleiderhändler hinter der Belgrader Messe aufgestöbert. Zu jugoslawischen Zeiten habe er als Abteilungsleiter umgerechnet über 1000 Mark verdient, drei Jahrzehnte später habe er sich mit dem Verramschen von Billig-Klamotten mit einem Monatssalär von 200 bis 300 Euro zu bescheiden, berichtete mir damals der Verkäufer, ein früherer Ingenieur: „Was soll man machen? So ändern sich eben die Zeiten."

(Belgrad, Oktober 2015. Mittlerweile wurde vorläufig folgenlos die Modernisierung des Hotels Jugoslavija angekündigt, das einmal unter dem Namen einer internationalen Hotelkette firmieren soll.)

IM REICH DER POLITISCHEN WANDERDÜNEN
Drei Parteibücher in einem Monat: Parteiwechsel dienen in Serbien der Existenzsicherung

Die ins Mobiltelefon getickte Frage eines österreichischen Kollegen auf Belgrad-Visite erreichte mich abends beim Kinderhüten. „Sag mal, ist das immer so, dass sie hier eine neue Regierung vor dem Parlament feiern? Oder hat das der neue Premier erfunden?"

Tatsächlich hatten Busse aus allen Ecken des krisengeplagten Landes den ganzen arbeitsfreien Sonntag tausende eher abgehärmte Fahnenträger vor Serbiens Volksvertretung in die Hauptstadt gekarrt. Nicht um gegen die miese Lage zu protestieren. Nein, um jubelnd der dreistündigen Verlesung der Regierungserklärung ihres Hoffnungsträgers zu verfolgen.

Mein V-Mann und verblüffter Augenzeuge vor dem Parlament vermochte den Ansturm kaum zu fassen. „Lauter Leute, die so gar nicht in die Innenstadt passen", kabelte er seine Beobachtung durch: „Die Zähne so rar wie das Geld im Beutel!"

Es ist die Not und die Hoffnung auf einen Job oder auf den Erhalt desselben, die den Parteien auf dem Balkan trotz spürbarer Politikverdrossenheit ihr Fuß- und Stimmvolk zutreiben. Denn Gewinner haben immer Recht – und sind stets populär. Über 60 000 Neumitglieder konnte beispielsweise Serbiens rechtspopulistische SNS allein in den letzten beiden Monaten begrüßen: Täglich drängeln sich eintausend Neu-Erweckte an die Futtertröge der größten Regierungspartei.

Überzeugungen seien für Partei-Eintritte nur „sekundär", konstatiert die Zeitung „Blic": „In die Parteien gehen die Leute wegen der Karriere und der Hoffnung auf einen Arbeitsplatz für sich oder einen Angehörigen."

An hehren Versprechungen, den Einfluss der Parteien in der Führung der Staatsbetriebe zurück zu drängen, hat es noch nie eine Regierung mangeln lassen: „Nur noch Fachleute" lautet das oft gehörte und nie erfüllte Versprechen. Denn trotz des Abschieds vom Sozialismus ist Serbien noch immer ein Parteienstaat.

Die Parteien verteilen nicht nur politische Pfründe der Macht unter sich. Vor allem die Staatsbetriebe und die aufgepumpte Verwaltung dienen als Versorgungposten der eigenen Parteikader. Und trotz unaufhörlicher Spar-Appelle und des gähnend leeren Staatssäckels bleibt der Staat mit Abstand der wichtigste Arbeitgeber in dem von hoher Arbeitslosigkeit geplagten Land. Die Gedanken sind aber auch im Land der politischen Zwangsloyalität frei. „Das sind hier alles Idioten", raunte mir bei einer Wahlparty einmal ein frustrierter Parteisoldat zu.

Nicht zuletzt der Versorgungsdrang von Serbiens Parteien macht es möglich: Von den nur noch 1,8 Millionen Beschäftigten bei dem sieben Millionen Einwohner zählenden EU-Anwärter stehen mit 800 000 fast die Hälfte beim Staat in Lohn und Brot. Der Rest hat mit vermehrten Abgaben nicht nur das staatliche Jobwunder, sondern auch das wachsende Heer von Arbeitslosen, Frührentnern und Sozialhilfeempfängern zu finanzieren.

Gewiefte Würdenträger überstehen mit strategischen Parteiwechseln alle Stürme der Zeit. Für landesweite Schlagzeilen sorgte im Land der politischen Wanderdünen kürzlich der Bürgermeister der Landgemeinde Boljevac, der innerhalb eines Monats aus wahl- und nachwahltaktischen Gründen auf die stolze Zahl von drei verschiedenen Parteibüchern kam. „Ohne Unterstützung der Zentrale existieren wir nicht", begründete der Provinzpolitiker den mehrfachen Fahnenwechsel mit der gewünschten Nähe zur Belgrader Macht.

Allein steht er mit seiner eher opportunistischen Partei-Wahl keineswegs. Politologen warnen bereits von einer Rückentwicklung zum Einparteisystem. Andere halten die Partei-Treue der spätberufenen Wan- der-Mitglieder aus Erfahrung ohnehin für eher gering: Sobald die Popularität einer Partei zu sinken beginne, würden die meisten bei einem anderen potenziellen Brötchengeber anheuern.

Tatsächlich sehen auf dem Balkan angeheuerte Claqueure oder Zwangsfahnenträger ihren bezahlten oder Pflicht-Einsatz für die Partei oft eher nüchtern. Auf wen er im Nieselregen vor dem Podium eigentlich warten müsse, wisse er auch nicht so genau, gestand mir während eines rumänischen Stimmenstreits einmal ein missmutiger Mann auf dem Marktplatz von Sibiu (Hermannstadt). In seinem Dorf seien auf Geheiß des Bürgermeisters die Busse vorgefahren, „und dann wir sind eben eingestiegen".

(Belgrad, Juli 2014)

FORTSCHRITT UND ARMUT
Nicht jede Zivilisationsneuerung ist ein Segen

Der Blickwinkel bestimmt auch auf dem Balkan die Sicht. Während der Anblick von Pferdefuhrwerken bei Besuchern des noch nicht ganz von den Segnungen der Globalisierung heim gesuchten Vielvölkerreichs entzückte Freudenschreie und hektische Griffe zum Foto-Apparat auslöst, verursacht dieser bei Einheimischen eher resignierte Seufzer.

„Schau mal wie rückständig wir geblieben sind", klagte kürzlich mein rumänischer Bekannter Robert, als wir in der Transsylvanien-Metropole Targu Mures (Neumarkt) ein über den Asphalt holperndes Pferdegespann passierten: „Selbst in die Stadt müssen manche Leute noch mit dem Pferdekarren kommen – weil sie kein Geld für den Bus oder ein Auto haben."

Befremdet wiederum sind Gäste aus mitteleuropäischen Müllsortier-Breiten, wenn sie mich in meiner serbischen Wahlheimatstadt Belgrad Flaschen, Altpapier, Konserven und Abfall unsortiert im hohen Bogen im nächsten Müllcontainer versenken sehen. „Gibt's denn hier keine Mülltrennung?" fragen sie ungläubig.

Nein und ja lautet die Antwort. In den von der Krise gebeutelten Balkan-Staaten sind es mittlerweile nicht mehr nur Roma, die mit den Überresten der Wegwerfgesellschaft ihren Lebensunterhalt bestreiten: Auf der Suche nach Altpapier, Schrott oder Altkleidern ziehen auch immer mehr „weiße" Rentner oder Arbeitslose mit Handkarren oder aus Autoresten zusammen gebastelten Knatterfuhrwerken von Container zu Container.

„Ist etwas für mich dabei?", fragt eine Roma-Frau am Container hoffnungsvoll, bevor ich die Berge alter Zeitungen direkt in ihren auf ein Kinderwagengestell montierten Sammelkarton versenke. Die tägliche Konfrontation mit der Armut ist an den Müllcontainern auch für die Bewohner der Balkan-Großstädte verstörend, aber vertraut. Manche pflegen ihr altes Brot oder abgelegte Kleidung für die Bedürftigen in Plastiktüten an die Seiten der Müllcontainer zu hängen. Andere stecken den mit Stangen in den Abfällen stochernden Müllsuchern hin und wieder ein paar Dinar zu.

Doch der Fortschritt macht zum Leidwesen der Ärmsten auch vor ihrer Lebensgrundlage nicht halt. Pünktlich vor den letzten Wahlen begannen Bagger tiefe Löcher in den zentralen Wohnvierteln Belgrads zu graben. Unterirdische Müllcontainer breiten sich seitdem in Windeseile in der „Weißen Stadt" aus: Hinter einer Klappe poltern die Abfallsäcke unerreichbar für die Müllsucher in die Tiefe.

Mit der Verschönerung des Straßenbilds begründen die Stadtväter die Verbannung des Abfalls in den Untergrund. Ketzer argwöhnen hingegen, dass wohl vor allem befreundeten Unternehmern ein lukrativer Auftrag zugeschanzt werden sollte. Selbst pilgere ich lieber weiter zu einem der wenigen verbliebenen offenen Containern in meiner Straße: Denn der vermeintliche Fortschritt erweist sich keineswegs für alle als Segen.

Größere Kartons und Sperrmüll passen zum Leidwesen der Nutzer leider nicht mehr in die neuen Containerklappen. Die Leerung der Untergrund-Ungetüme ist derweil für die Müllabfuhr nicht nur eine mühsame, sondern zum Leidwesen der Anwohner zudem eine ziemlich lärmende Angelegenheit. Lasten Schnee und Eis auf den versenkten Containern, sind sie kaum mehr zu leeren – und türmt sich bald ein Berg gefrorener Abfallsäcke um die verstopfte Klappe. Die neuen Müllcontainer seien „gegen die Armen", sagte mir kürzlich bei dem Besuch einer Roma-Siedlung in einem Belgrader Industriegebiet die zweifache Mutter Sonja: „Wir stören. Und sie wollen, dass wir nicht mehr in die Innenstadt kommen. Aber von was sollen wir denn sonst leben?"

(Januar 2013. Im Sommer 2015 wurden in Belgrad die ersten Altglascontainer aufgestellt.)

2. SOCKELN UND HELDEN

Vorbei sind im zerfallenen Jugoslawien die Zeiten, dass der einst allgegenwärtige Josip Broz Tito auf Briefmarken und Denkmalsockeln prangte. Doch wen hievt man heute auf den Sockel und wen feiert man als Helden? Die Auswahl ist groß – und findige Baumeister können der Nachwelt auch ihr eigenes Palastmonument hinterlassen.

DER SPÄTE KAMPF UM TITOS ERBE
Jugostalgie wird zum einträglichen Geschäft

Zebras grasen auf der Küstenweide. Energisch lotsen sommerlich geschürzte Damen träge trottende Touristen durch das verschlafene Inselreich des legendären Staatenlenkers. Meist habe Josip Broz Tito von Gästen Tiere als Morgengabe erhalten, „lebend oder ausgestopft", erläutert auf der kroatischen Insel Brijuni eine blonde Fremdenführerin die verstaubten Tigerfelle im Inselmuseum: „Das war damals Mode."

Für 1000 Dollar pro Stunde könnten Interessierte den unter einer Zeltplane blinkenden Dienst-Cadillac des früheren Nationalhelden über die Holperpfade von dessen Sommerresidenz steuern, lockt die sonst so gestrenge Dame mit sonorer Stimme: „Und lassen sie das Rauchen bleiben: Das ist auf Brijuni verboten."

Geraucht habe sein Großvater wie ein Schlot „meist Zigarren", erzählt mir nach der Rückkehr ins 700 Kilometer entfernte Belgrad dessen 60jähriger Enkel. Wie sein Großvater zieht auch der hagere Pächter der Kafana „Čuburska Lipa" an seinem Glimmstängel – und trägt fast denselben bürgerlichen Namen: Josip Joška Broz. Brijuni sei heute ein Ferienort für Reiche, doch selbst habe er als Kind die Ferien dort stets als „sterbenslangweilig" empfunden, erinnert sich Broz Junior: „Außer zwei Hotels gab es dort nichts."

Den späten Touristenrummel um den 1980 verstorbenen Partisanenführer quittiert der Mann im Jeans-Hemd mit einem Achselzucken. Erst hätten seine Landsleute alles, was Tito vollbracht habe, zerstören wollen. Und nun wolle „jeder soviel Geld wie möglich aus ihm schlagen": „Allmählich beginnen die Leute zu begreifen, was sie mit Tito verloren haben."

Rote Plastikblumen umranken das Foto der Arbeiterlegende auf dem Kachelofen seines Geburtshauses. Als Sohn eines Kroaten und einer Slowenin wurde der spätere Staatschef 1892 im damals österreichischen Kumrovec (heute Kroatien) geboren. Sein Pseudonym Tito nahm er erst 1934 als Mitglied der Kommunistischen Partei Jugoslawiens im Untergrund an.

„Für mich war Tito schon in meiner Jugend die Nummer eins, ich habe im Radio immer seine Reden gehört", bekennt mir im Souvenirladen der slowenisch stämmige Italiener Sergio Bastiani, während er sich in ein erworbenes Tito-T-Shirt zwängt: „Die Legende lebt", prangt unter dem Portrait im Sternen-Banner.

Viel „Schindluder" werde mit Tito-Souvenirs wie Feuerzeugen, Wein oder Keramik-Büsten getrieben, ärgert sich im fernen Belgrad Enkel Joška. Minderwertige Ware werde zum 10fachen Preis über Wert verkauft: „Und nach einer Wäsche kann man die T-Shirts schon nicht mehr anziehen."

Wer am Meer residiert, muss keineswegs untätig sein. Fotos von Tito beim Kamel-Füttern, bei der Mandarinenernte, beim Angeln oder mit einem der zahlreichen Gäste zieren die Wände desInsel-Museums in Brijuni. Im Plausch mit Lebemännern wie Willy Brand, Bruno Kreisky oder Leonid Breschnew fühlte sich der Liebhaber der hellen Anzüge sichtlich wohl.

Mit dem drögen DDR-Chef Walter Ulbricht schien dem 1980 verstorbenen Staatenlenker die Konversation hingegen merklich mühsamer von der Zunge zu perlen. Eine jugendliche Queen Elizabeth machte dem Freund schöner Frauen genauso ihre Aufwartung wie Sophie Loren oder Gina Lollobrigida. Selbst der Asket Ho Chi Minh schien an der Seite von Tito die flotte Motorboot-Fahrt über die Adria zu genießen.

In Belgrad gebe es keine Straße mehr, die den Namen seines Großvaters trage, ärgert sich unter der Linden-Krone Wirt Joška. Ausgerechnet seinen Opa hätten „kriminelle Nationalisten" für den von ihnen angezettelten Krieg verantwortlich gemacht: „Immer ist der schuld, der nicht mehr da ist."

Die Geschichtsschreibung der Nachfolgestaaten tut sich tatsächlich noch immer schwer, wie sie den Landesfürsten des versunkenen Jugoslawien-Reiches denn darstellen soll. Leichter fällt es hingegen findigen Unternehmern und Gastronomen, sich die grassierende „Jugostalgie" zu Nutze zu machen.

Rot glänzen die Halstücher der Angestellten im „Restoran Tito" am Autoput kurz vor Niš: Tito-Büsten und Bücher zieren die Wände, mächtige Pljeskavica-Fleischberge überlappen die Tellerränder. Mit Marschall-Mützen und Mänteln posieren die angetrunkenen Karaoke-Sänger in der Belgrader Retro-Kafana „Pavle Korčagin" zum Erinnerungsfoto. Über Tito mag der müde Kellner genauso wie die grölenden Zecher nach Mitternacht nicht mehr diskutieren: „Ihr kriegt noch ein Bier. Und dann mache ich den Laden dicht."

Jeder der derzeit in Belgrad ein Restaurant eröffne, behaupte, früher seinen Großvater bekocht zu haben, ärgert sich Joška Broz über Trittbrettfahrer, die Tito-Kochbücher oder Biographien verfassen: „Jetzt wollen alle Tito gekannt haben. Und aus den 5000 früheren Angehörigen seiner Garde scheinen plötzlich fünf Millionen geworden." Zu Großvaters Zeiten hätte ein Gehalt noch genügt, um vier Menschen satt zu bekommen, erklärt er die Tito-Nostalgie auch mit der trüben Tristesse der Gegenwart: „Heute reichen vier Jobs kaum aus, um einen Mann über Wasser zu halten."

Ein mächtiges Plastikbrot prangt auf dem Esszimmertisch von Titos Geburtshaus in Kumrovec, in dessen Schatten der grauhaarige Staatsdiener Mihovil über die Verdienste des berühmten Landsmanns philosophiert. Tito sei ein „Mann seiner Zeit gewesen, aber in Ornung", sagt der Veteran des Kroatien-Kriegs: „Er war Kroate und die ganze Welt kennt ihn bis heute. Wir sollten uns sein Image besser zu Nutze machen."

Den Ratschlag hat die kroatische Hafenstadt Rijeka bereits erhört. Bis zum nächsten Jahr will sie die in einer Werft vor sich hin rottende Yacht Titos wieder aufmöbeln lassen – und die „Möwe" als schwimmendes Tito-Museum im Stadt-Zentrum verankern lassen.

Die Soldatenwache wurde vom Marmorgrab im Belgrader „Haus der Blumen" schon in den 80er Jahren wieder abgezogen. Ein Plastikkranz mit verblichener Jugoslawien-Schleife lehnt an an der Scheibe hinter dem weißen Sarkophag. Doch alljährlich zu Titos Geburtstag am 25.Mai erweisen Heerscharen von Pilgern aus allen Nachfolge- Staaten ihrem Idol in dessen Mausoleum mit erhobener Faust ihre Reverenz.

Das Interesse an Tito nehme zu, glaubt Gastwirt Joška. Irgendwann würden die neuen Staaten einsehen, dass sie enger zusammenarbeiten müssten, „selbst wenn sie einmal alle in der EU sind", hofft er auf eine Wiederbelebung südslawischer Gemeinsamkeiten: „Niemand von uns kann doch ohne die anderen." Selbst habe er seine Identität nie geändert, versichert er beim Abschied: „Ich werde immer Jugoslawe sein – bis zu meinem Tod."

(September 2007. Tito-Enkel Joška sitzt mittlerweile für die sozialistische SPS im Parlament. Das Tito-Grab und neu konzipierte Museum in Belgrad vermelden wieder steigenden Zulauf. Die Tito-Yacht rottet in Rijeka weiter vor sich hin. Zagreb beschloss im Juli 2017 trotz heftiger Proteste die Umbenennung des Marschall-Tito-Platzes.)

PARTISANENDRANG IN DIE TIEFE
Titos Bunkeranlagen als Touristenattraktion

Unten in der Bucht dümpeln zwei einsame Jachten im glasklaren Wasser. Oben am steinigen Hang gewährt eine mit Macchia überwucherte Stollenpforte den Einstieg ins düstere Bunkerreich der kroatischen Insel Vis. Mit Kopflampen leuchten Touristen neugierig die weiß getünchten Wände des einstigen Staatsgeheimnisses aus.

Der in den 70er Jahren angelegte U-Boot-Hafen „Jastog" sei zu jugoslawischen Zeiten streng geheim gewesen, erzählt Bunkerführer Marko Dragojević, während er seine Schützlinge auf einem schmalen Kai um das dunkle Becken im unterirdischen Tunnelstollen lotst. Tarnnetze hätten früher den nun offenen Meereszugang des U-Boot-Hafens verborgen, der selbst vor der lokalen Bevölkerung weitgehend abgeschirmt worden sei: „Tage der offenen Türe gab es hier nie."

Systematisch hatte Jugoslawiens Armee (JNA) nach dem Zweiten Weltkrieg nicht nur das für ausländische Besucher lange verbotene Vis mit einem angeblich 70 Kilometer langen Stollen- und Bunkerlabyrinth ausgehöhlt. Weitläufige Atombunkeranlagen, in Felsen gehauene Luftwaffenstützpunkte oder auch geheime U-Boot-Häfen finden sich in fast allen der Nachfolgestaaten des zerfallenen Vielvölkerreichs. Der einstige Staatslenker Josip Broz „Tito" ließ vermutlich auch dank verdeckter Militärhilfe des Westens systematisch Milliardenbeträge für die unterirdischen Betonbunkerburgen im bergigen Karstgestein versenken: Sein scheinbar unbezähmbarer Drang in die Tiefe ist wohl auch mit den Partisanenerfahrungen während des Zweiten Weltkriegs zu erklären.

In den Felsen geschlagene Stufen weisen auf der Insel Vis unterhalb des Gipfels Hum den steilen Weg in Titos einstige Kommandozentrale: Nachdem Jugoslawiens späteres Bugbild im Juni 1944 in Bosnien nur knapp einem deutschen Attentatsversuch entkommen war, hatte er sich auf die Insel Vis geflüchtet. Nicht nur sein damaliges Höhlenversteck, sondern auch die später angelegten Atombunker sind mittlerweile zu Touristenattraktionen mutiert.

Draußen vor dem unscheinbaren Häuschen unweit der bosnischen Kleinstadt Konjic rauschen die grünen Fluten der Neretva durch die enge Felsenschlucht. Wie in einem zweitklassigen Agentenfilm öffnet drinnen eine unscheinbare Stahltüre in der Rückwand den Zugang zu einem der größten Atombunker Europas: Das 6500 Quadratmeter großer Bunkerreich sollte bei einem Atomschlag als Hauptquartier für die Staats- und Armeeführung Jugoslawiens dienen.

Die „Kriegsparameter" seien in dem unzugänglichen Gelände „einfach günstig" gewesen, erklärt ein uniformierter Feldwebel Titos Standortwahl für das von 1953 bis 1979 in den Fels gehauene Geheimrefugium: „Schon im Zweiten Weltkrieg hatten hier die Partisanen entscheidende Schlachten geschlagen."

Der atomare Härtetest blieb den mächtigen Höhlenbunkern zu Zeiten des sozialistischen Jugoslawiens erspart. Aber dennoch sollten ausgerechnet Kriege deren Ende und militärische Nutzlosigkeit besiegeln. Denn mit den Jugoslawienkriegen der 90er Jahre zerfiel posthum nicht nur Titos Staat, sondern auch seine JNA. Den kostenträchtigen Unterhalt des Bunkererbes können sich deren finanzschwache Nachfolge-Armeen heute kaum mehr leisten. Viele der Bunker sind ausgeplündert, verfallen oder werden für Pilzplantagen, Kunstausstellungen oder für Touristentouren genutzt.

Der Kamm des Plješevica-Gebirges ist von Wolken verhüllt. Doch zu seinem Fuße geben vier merkwürdig spitzzulaufende Stollenöffnungen im grünlich schimmernden Fels das einst sorgfältig gehütete Geheimnis im kroatisch-bosnischen Grenzland preis. Vier Geschwader mit 58 Abfangjägern seien in Europas größter Flugzeugkaverne stationiert gewesen, berichtet im kroatischen Dorf Željava der weißhaarige JNA-Pensionär Dragan. Gegen welchen Feind der Geheimlufthafen gerichtet gewesen sei? Der frühere Berufssoldat zuckt mit den Schultern: „Gegen alle und keine: Wir Jugoslawen waren blockfrei - und neutral."

Verdrehte Stahlträger ragen verloren aus Stollenmauern. Von den 30 Zentimeter dicken Stahlbetontüren, die den 1969 Höhlenhangar zum Schutz gegen Atomschläge verschlossen, sind nur deren in den Boden betonierte Schienen geblieben. Die Anlage unweit der bosnischen Stadt Bihać sei erst nach Ende des Kroatiens- und Bosnienkriegs von Schrotthändlern und Plündern zerstört worden, so Dragan: „Die nahmen alles mit, was nicht niet- und nagelfest war." Waren in den von Bäumen überwucherten Kasernenbaracken einst 5000 Militärangehörige stationiert, zählt Željava heute noch rund 150 meist betagte Bewohner. Doch laut Dragan steuern mittlerweile zumindest Motorrad-Biker aus ganz Europa wieder die Pisten und Stollen des verlassenen Höhlenflughafens an: „Die Rocker finden das cool. Hier können sie unbeschwert über die leeren Pisten jagen."

(Vis / Željava /Konjic, 2015-2017)

WLADIMIR IST NICHT MEHR ALLEIN
Serbiens Sehnsucht nach dem starken Mann treibt seltsame Blüten

Die Weltpolitik macht auch vor dem Hinterhof meines Belgrader Wohnpalastes nicht halt. Der bleiche Wladimir im Fenster meines Nachbarn Sava ist nicht mehr allein. Seit den US-Wahlen prangt ein Poster des neuen Machthabers im Weißen Haus neben dem bereits etwas verblichenen Bildnis von Kremlchef Putin. „Trump Serbe!" lautet der etwas verblüffende Text unter der von einem Boulevardblatt unters Volk gebrachte Plakatmorgengabe mit dem US-Milliardär.

„Wenn Du willst, hänge ich auch noch ein Foto von Merkel auf", so der knappe Kommentar meines etwas brummigen, aber eigentlich gutmütigen Nachbarn zu seiner neuesten Fensterdekoration. Doch obwohl auch Serbiens derzeitiger Vormann Aleksandar Vučić bei seinen langen Selbstlobmonologen die Hände gerne zur Merkel-Raute spreizt, ist die spröde deutsche Kanzlerin als Motiv für serbischen Fensterschmuck oder Objekt des inbrünstig zelebrierten Personenkults im Balkanstaat kaum geeignet: Es sind meist die mächtigen Männer in den Schluchten des Balkans und in der Welt, die von Serbiens Boulevardpresse vergöttert – oder verteufelt werden.

Der Hang zur Propaganda-Überhöhung von Würdträgern hat in den ex- jugoslawischen sstaaten Tradition. Ob der frühere Staatenlenker Josip Broz Tito mit der Zigarre, Zigarette oder Pfeife im Mundwinkel Dokumente unterzeichnete, Staatsgäste herzte, Fabrikhallen eröffnete, Fasanen erlegte oder ferne Länder besuchte: Der nach seinem Tod montierte und im Museum der Geschichte Jugoslawiens noch stets gezeigte Propagandafilm über Tito wirkt gegenüber dem PR-Feuerwerk seiner heutigen Epigonen rührend naiv.

Ob bei eitlen Amtsträgern oder deren geplagtem Fußvolk: Stilprägend ist der Persönlichkeitskult um Tito bis heute. Schon Kroatiens Staatsgründer Franjo Tuđman zwängte sich am liebsten wie sein Vorbild in reich dekorierte Marschalluniformen. Zumindest in Serben führt der 1980 verstorbene Tito noch stets die Beliebtheitsskala aller einstigen und heutigen Politiker an. Selbst in den kleinsten ex-jugoslawischen Nachfolgestaaten oder Teilrepubliken pflegen Amtsträger sich wie ihr heimliches Rollenmodell als allgewaltige Landesväter feiern und hofieren zu lassen.

Auch gegenüber ihrem insgeheim oder offen bewunderten Autokraten-Idol im fernen Moskau können sich Serbiens Würdenträger den Rückgriff auf sozialistische Willkommensrituale nicht verkneifen. Stolz und freudig wie aufgeregte Schüler vor ihrem Abschlussball organisierten Serbiens Staats- und Regierungsspitze bei der letzten Visite des Kremlchefs die erste Militärparade seit fast drei Jahrzehnten: Ausdruckslos und eher gelangweilt verfolgte derweil der

Stargast die ihm zu Ehren organisierte Vorführung des betagten Kriegsgeräts.

Doch ohne Bedarf keinen Markt – und ohne Bewunderer keine Politidole: Es ist auch die Sehnsucht nach dem starken Mann, die die Ex- Jugoslawen immer für den scheinbar stärksten Polit-Gockel stimmen lässt. Laut einer Umfrage des Demostat-Instituts glauben dreiviertel der Befragten, dass Serbien einen „starken Führer" benötigt. Zu einem eher autoritären Politikmodell bekennen sich 61 Prozent, nur ein Fünftel hält hingegen Demokratie für einen positiven Wert.

Nichts habe sich seit der Einführung des Mehrparteiensystems verändert, klagt ein Kolumnist in der Zeitung „Blic": „Nur die seitdem jeweils vergötterten Führer haben gewechselt."

Mein Nachbar Sava ist mit seiner Verehrung für die vermuteten Gesinnungsfreunde Putin und Trump in denn auch nicht allein: „Kosovo ist Serbien" prangte unter einem bereits etwas übermalten Portrait der beiden steinreichen Staatenlenker, das ich kürzlich an einer Wand der Wohnsilos in Neu-Belgrad erblickte.

Mehrere mächtige Schneemänner hat in diesem verschneiten Winter mein Büro-Nachbar Milenko mit seinen Kindern errichtet. Seine Faszination für mächtige Strippenzieher hält sich allerdings in Grenzen. Er könne die Begeisterung für den Polit-Jetset nicht verstehen, sagt der Familienvater - und schüttelt sein kahles Haupt: „Was haben denn Leute wie Putin und Trump mit unserem Alltag in Serbien zu tun?"

(Belgrad, Januar 2017. Nachbar Sava hat Trump inzwischen wieder abgehängt. Der sei doch „nicht so friedliebend", so seine Begründung.)

TURMHOHE HELDEN
Die Erneuerung von Skopje scheidet die Geister

Der Platz wird knapp auf dem „Ploštad Makedonija". Zeit zur andächtigen Besinnung bleibt den Passanten beim Gang durch den monumentalen Denkmalwald im Zentrum von Skopje kaum.

Als mazedonische Nationalhelden blicken der bulgarische Zar Samuil und der oströmische Kaiser Justinian von ihrem weißen Marmorthron. Auf dunklen Rössern üben sich die bulgarisch-mazedonischen Revolutionäre Goce Delčev und Dame Gruev als Brückenwächter. In Bronze blicken auch die Slawen-Missionare Kyrill und Method samt ihren Schülern Clement und Naum in Richtung des Vardar-Ufers.

Doch alle werden von der Krönung der mazedonischen Selbstfindung per Standbild überragt: Hinter dem Bauzaun des neuen Brunnens steigt stolz ein übermächtiges Ross samt Reiter auf.

Das sei er „Alexander, der Große", erklärt mir der schmächtige Gürtelverkäufer, der im Schatten des 22 Meter hohen Monuments auf Kundschaft harrt. Jedes Kind auf dem Balkan wisse, dass der ein Schwert schwingende Feldherr „ein Mazedonier" sei, erzählt der Händler: „Aber die Griechen wollen ihn uns wegnehmen – und darum haben wir nun sein Denkmal."

Die Meinung über Skopjes Monumentalpark seien geteilt, berichtet ein älterer Rennradfahrer, während er das größte Alexander-der-Große-Denkmal der Welt beäugt: „Den Linken sind die Denkmäler zu nationalistisch, den Albanern zu mazedonisch – und andere finden sie zu zahlreich oder zu naturalistisch."

Einige Statuen hätte er selbst aus ästhetischen Gründen auch weggelassen, gesteht der ergraute Mazedonier: „Aber jahrzehntelang wurde in der Stadt überhaupt nichts getan – und nun passiert wenigstens endlich etwas." Die Einheimischen würden sich an die Denkmalklötze ohnehin gewöhnen – und die Touristen hätten endlich Foto-Motive: „Gestern sah ich selbst Japaner!"

Je größer die Probleme des Landes, desto höher die Fahnenstangen. Von überdimensionierten Masten baumeln im Zentrum von Skopje gewaltige Landesflaggen. Seit Jahren liefert sich der 1991 unabhängig gewordene Balkan-Staat einen verbissenen Streit mit Griechenland, wer der wahre Erbe des antiken Mazedoniens sei. Athen, das die Nachbarn zur Namensänderung zwingen will, sitzt als EU-Mitglied dabei am längeren Hebel: Per Veto verweigerten die Griechen den Mazedoniern 2008 den anvisierten Nato-Beitritt.

Skopje schläg mit Kelle und Meißel zurück. Mit 18 Groß-Denkmalshünen, hundert kleineren Statuen und

Dutzender neuer Museen und Regierungsgebäuden will die rechtspopulistische Regierung dem beim Erdbeben von 1963 zerstörten Skopje zu neuem Glanz verhelfen - und die Ansprüche auf den Landesnamen untermauern.

Auf ungeteilte Zustimmung trifft das Projekt „Skopje 2014" keineswegs, dessen Kosten die Regierung auf 80, die Opposition auf 500 Millionen Euro taxiert. Nicht nur viele Betriebe, sondern auch der Erziehungs- und Gesundheitssektor stünden „kurz vor dem Kollaps", erklärt mir in seiner Amtsstube der sozialdemokratische Oppositionschef Branko Crvenkovski.

Denkmäler und Fahnenmasten könne man „nicht essen", bemerkt er spitz: „Es ist absolut unlogisch, dass wir uns im Ausland um Hilfsgelder bemühen – und gleichzeitig Unsummen für absolut unproduktive Investitionen wie Skulpturen, Brunnen und Museen verpulvern." Mit dem von „populistischen Patriotismus" getragenen Projekt wolle sich die Regierung in erster Linie selbst ein Denkmal setzen, argwöhnt der frühere Staatschef.

Weder im Parlament noch im Stadtrat habe es irgendeine Debatte über den Sinn der Bauvorhaben gegeben, beklagt er deren „undemokratischen Charakter". Der neue Denkmalwald belaste nicht nur die innerethnischen Beziehungen in dem Vielvölkerstaat, sondern erschwere auch eine Lösung im Namensstreit mit Griechenland. Als „unsäglichen Kitsch", kritisiert der Mann im feinen Zwirn das „architektonische Disneyland": „Von der Antike bis zum Barock: Wir schaffen uns etwas, was wir hier nie hatten."

Die Kritiker schäumen, die Regierung baut. Auf der Baustelle des Archäologischen Museums sind die Betonpfeiler mit Kalksteinplatten zu dorischen Säulen verschalt. Auch die dem Pariser Elysee-Tor nachgeahmte „Porta Makedonija" nimmt Gestalt an.

Der Metamorphose seiner Stadt schenkt der Schuhputzer im Alten Basar keine Beachtung. Er habe sechs Kinder durchzubringen, seufzt der Familienvater. „Schlichtweg Diebe" seien die Politiker, die sich mit ihren Bauprojekten selbst die Taschen füllten. Für die einfachen Leute gebe es in Mazedonien weder anständige Arbeit noch ausreichendes Auskommen: „Zu jugoslawischen Zeiten war das Leben einfach besser – in jeder Hinsicht."

(Skopje, August 2011. Die Innenstadt ist inzwischen völlig mit Sockelhelden verstellt. Nach dem Machtwechsel im Frühjahr 2017 wurde die Einstellung des Projekts Skopje 2014 verkündet. Nach der Beilegung des Namensstreits mit Athen wurde das Land im Februar 2019 in Nordmazedonien umbenannt.)

ROCKY KÄMPFT FÜR ŽITIŠTE
Im früheren Jugoslawien boomt der Denkmalkult für ausländische Stars

Schwarz glänzender Lack lässt die Gesichtszüge des versteinerten Faustkämpfers kaum erkennen. „Rocky" lautet die schlichte Inschrift auf dem wuchtigen Marmorsockel. Leicht vorne über gebeugt, die Hände in Siegespose nach oben gereckt prangt das meterhohe Muskelpaket im Zentrum der serbischen Landgemeinde Žitište auf einer Löwenzahnwiese. „Rocky kommt aus armen Verhältnissen, lässt sich nicht unterkriegen – und kämpft für ein besseres Leben wie wir," erklärt mir im Rathaus Gemeindesprecher Bojan Marceta, warum das 3000- Seelennest im serbischen Banat ausgerechnet einem Helden aus dem fernen Hollywood ein Denkmal widmet. Die Hälfte der Serben wohne auf dem Land, doch Belgrad dominiere alles, ärgert sich der Kommunalbeamte: „Wir wollten auf Žitište aufmerksam machen, zeigen, dass auch außerhalb der Großstädte Leute leben."

Es war Anfang letzten Jahres, als der 28jährige sich die DVD der neuesten Folge der Rocky-Saga auf dem heimischen Sofa zu Gemüte führte. Mensch, sagte sich Bojan, jetzt wäre der Moment, um sich den Rocky-Rummel für Žitište zu Nutze zu machen: Ein Denkmal für Rocky, so wie in Philadelphia, könnte die verschlafene Gemeinde unweit der rumänischen Grenze endlich in die Schlagzeilen katapultieren.

Gedacht, getan. Schnell hatte der findige Rocky- Fan den Schöpfer des Rocky-Denkmals in den USA per Internet ausfindig gemacht. In dessen Keller staubte auch noch ein Abguss seines Machwerks vor sich hin. Doch selbst der Freundschaftspreis hätte für das Ungetüm noch drei Millionen Dollar betragen – zu viel für eine Gemeinde in dem von Abwanderung und Arbeitslosigkeit gezeichneten Banat. „Macht das Denkmal doch selbst – dann wird's billiger", lautete der Künstlerratschlag.

Für schlappe 5000 Euro verewigte schließlich ein kroatischer Künstler den Boxer in Gießbeton. Die Kosten übernahm ein lokaler Hühnerzuchtbetrieb. Zum Wohle des Sponsors organisierten die Stadtväter bei der Denkmalsenthüllung im vergangenen August gleich ein dreitägiges Hühnerfest: Zu Ehren von Brathenderl, Rakija, Rock – und Rocky machten sich außer 20 000 Gästen 150 Journalisten nach Žitište auf.

Selbst auf BBC und CNN flimmerten die Bilder des von Riesenhühnern umrahmten Rocky- Monuments in der sommerlichen Sauregurkenzeit über die Schirme. Die erhofften Investoren lassen zwar noch stets auf sich warten. Doch „Rocky hat uns geholfen", ist Maceta überzeugt. Selbst der Premier steuere im Wahlkampf demnächst Žitište an: „Jeder Serbe kennt uns nun."

Doch nicht nur in Žitište suchen findige Bürgerväter angesichts des oft eher tristen Nachkriegsalltags im zerfallenen Jugoslawien denkmalwürdige Vorbilder lieber in der Ferne. So ist Karate-Star Bruce Lee im bosnischen Mostar posthum der Sprung auf den Denkmal-Sockel geglückt. Drei Meter hoch harrt in einem Atelier im Kosovo- Städtchen Podujevo der tönerne Ex-US-Präsident Bill Clinton auf seinen Abguss. Die Probleme mit den Sponsoren seien behoben, versichert mir Bildhauer Izir Mustafa: „Sehr bald" werde der bronzene Bill auf einem Granitsockel in der Hauptstadt Pristina stehen.

Einen vermeintlichen oder tatsächlichen Sohn des Dorfes würden hingegen die Bewohner der Banat-Gemeinde Međa gerne auf den Sockel hieven. „Rocky hat doch mit dem Banat überhaupt nichts zu tun", ärgert sich der Rentner Diče Stojanović über dessen Monument im Nachbarort: „Die sollten lieber Johnny Weissmüller ein Denkmal setzen. Der kommt aus Međa – und war nicht nur als Tarzan, sondern auch als Schwimmer der ganzen Welt bekannt."

Die 2004 erschienen Artikel zum 100. Geburtstag des 1907 nach Chicago emigrierten Dschungeljodlers hat der Schwager der letzten Weissmüller-Nachfahrin des Dorfes noch stets sorgfältig aufbewahrt. „Tarzan ist aus Serbien", berichtete damals der „Kurir" stolz über „Džoni Vajsmiler". Zwar reklamiert auch das frühere

Jakobsfeld im heutigen Rumänien die Tarzan-Geburt für sich. Doch die Geburtsurkunde von „Janos Weissmüller" findet sich im Rathaus von Međa.

Es könne schon sein, dass der spätere Tarzan jenseits der rumänischen Grenze geboren, aber in Međa angemeldet worden sei, sagt Stojanović: „Man weiß das nicht genau. Sicher ist, dass Tarzan eigentlich ein Banater Schwabe ist. Ob er in Serbien oder Rumänien geboren wurde, ist doch egal: Die ganze Gegend gehörte damals ohnehin zu Ungarn."

Im Nest auf dem Strohmast klappert munter ein Storch. Es zirpt und summt aus den nahen Wiesen. Das Leben sei gut im Banat, doch die Hälfte der Häuser seines von 4500 auf 1200 Einwohner geschrumpften Dorfes sei verlassen, seufzt Diče: „Die Jungen ziehen weg, nach Belgrad oder Novi Sad."

Tarzan sei ein Überlebenskünstler, der sich im Dschungel unter widrigsten Umständen behauptet habe, sehen seine serbischen Fans ihn als geeignetes Vorbild für ihre Nation. Doch noch ziert die Familien-Kate der Weissmüllers in Međa nur ein Denkmal-Modell und eine Kopfbüste des legendären Johnny. „Das Geld ist das Problem", seufzt der frühere Traktorfahrer. Sorgfältig hält mein Gastgeber ein Foto seines Neffen neben die Tarzan-Büste: „Schau mal die Ähnlichkeit: Er hat dieselbe Nase wie Johnny!"

(Žitište, März 2008. Ein Tarzan-Denkmal ist in Međa noch immer nicht errichtet, das Bruce-Lee-Denkmal in Mostar nach Zerstörungen wieder abgebaut worden. Dafür prangt seit einigen Jahren ein mächtiges Bill-Clinton-Denkmal in Pristina.)

NUR DER GIPSADLER HÄLT WACHT
Verwaiste Paläste, vereinsamte Hüter: Die Feriendomizile serbischer Gastarbeiter

Die ersten Blätter fallen. Das Ende des Urlaubs in der Heimat naht. Ein wenig wehmütig blickt Ljubica vor dem Eingangsportal des Familiengehöfts die sonnenüberflutete Hauptstraße von Draginje herab. „Für uns wäre es in unserem Dorf schöner, aber für die Jungen gibt es hier keine Arbeit", seufzt die in Wien lebende Rentnerin im blau gemusterten Sommerkleid: „Aber was soll man machen? Das halbe Dorf ist im Ausland. Das Brot fällt schließlich nicht vom Himmel."

Die Not hatte die Serbin schon 1969 aus ihrem Dorf unweit der Provinzstadt Šabac mit ihrem Mann Branislav ins österreichische Arbeitsexil getrieben: Bis zu seiner Rente habe er 39 Jahre lang „mehr als mein halbes Leben" auf Wiener Baustellen verbracht, berichtet der stämmige Maurer mit dem Kugelbauch. Von ihrem Gehalt sparte sich die Familie mühsam das

Geld für den Bau von drei Häusern auf ihrem Grundstück in Draginje ab: „Zwei für die beiden Söhne, eines für uns." Doch obwohl das Rentnerpaar den Lebensabend eigentlich in ihrem Domizil genießen könnte, macht es sich mit Söhnen und Enkelkindern nur einmal im Jahr im Sommer für 15 Tage von Wien nach Draginje auf. Bis die drei Häuser alle geputzt seien, sei der Urlaub auch schon wieder vorbei, seufzt Ljubica.

Stolz winden sich an der Hauptstraße korinthische Betonsäulen in abenteuerliche Balkon- und Giebelhöhen. Die Fensterläden der Feriendomizile sind verriegelt, die im Sommer mit ausländischen Limousinen belegten Parkplätze hinter den meterhohen Torgattern bis zum nächsten Jahr meist wieder verwaist. Nur die Gipsadler und Miniaturlöwen halten vor den entvölkerten Gastarbeiterpalästen einsam Wacht.

„Gastarbajter" werden sie genannt – die Landsleute, die bereits seit über vier Jahrzehnten ein Auskommen und besseres Leben im Ausland suchen. Allein in Deutschland verdienen rund 400 000 Serben ihr Brot. In Österreich stellen sie mit über 300000 Menschen die größte ausländische Bevölkerungsgruppe.

Für die Familien der Emigranten sei das zerrissene Leben in zwei Ländern eine Belastung, berichtet in der Dorfschule von Draginje die stellvertretende Direktorin Dragana. Die Kinder von Gastarbeitern, die bei ihren Großeltern im Dorf zurückgelassen würden, fielen in der Schule durch Disziplinlosigkeit, schlechte Leistungen und mangelnde Konzentrationsfähigkeit auf. Die Kommunikation mit den Eltern werde nicht nur durch deren seltene Anwesenheit erschwert: „Oft ist ihnen die Bedeutung von Bildung kaum bewusst."

Trotz ihrer Entbehrungen und allen Fleißes dümpeln die Arbeitsemigranten in der Fremde eher am unteren

Ende der sozialen Pyramide. Doch zumindest in der Heimat können sie sich für wenige Wochen als Könige fühlen. Die Früchte ihres arbeitsamen Lebens pflegen manche Gastarbeiter beim Heimaturlaub nicht nur mit Nobellimousinen zu demonstrieren. In einigen Dörfern scheint ein regelrechter Wettbewerb um die prächtigste Emigrantenvilla entbrannt.

Zwei auslandende Freitreppen winden sich von der Terrasse des verlassenen Emigrantenpalastes in den verwilderten Garten hinter dem Schmiedetor herab. Als „Schlösser zum Vorzeigen" bezeichnet das Wochenblatt „Nin" die monumentalen Wohnburgen, mit denen die abgewanderten Dorfkinder ihr ertragreiches Wirken im Exil in ihren entvölkerten Dörfern manifestieren. Ob Säulen oder Erker, Türme oder Gips-Amphoren: Antike und Barock kennen bei deren protzigen Fassadenschmuck keine Berührungsängste.

Sie wollten ihrer Familie „etwas hinterlassen", so die eingängige Erklärung der Bauherren für ihre überdimensionierten Wohntempel. Doch die Bindung mit der Heimat schwindet mit jeder Gastarbeitergeneration. Und die vielstöckige Hinterlassenschaft erweist sich für die Nachkommen oft eher als kostspieliges Erbe. Eine gewinnträchtige Geldanlage sind die überdimensionierten Feriendomizile ohnehin nicht. Wegen der anhaltenden Abwanderung und des völligen Verfalls der Immobilienpreise auf dem Land ist für die wuchtigen Wohnburgen bei Verkauf kaum der Materialpreis zu erzielen.

Blinzelnd blickt der Mann im Unterhemd vor dem imposanten Klinkerbau in die Mittagssonne. Nein, er sei kein Gastarbeiter. Er schaue nur nach dem Rechten im Hause des Bruders: „Sein Urlaub ist vorbei – und die Kinder müssen in Österreich in die Schule. Was soll man machen?" Auch Rentner Branislav wird sein Gehöft wieder für ein Jahr verriegeln. „In Österreich sind wir Ausländer, hier Touristen", sagt er und zuckt mit den Schultern.

(Draginje, August 2012)

3. DIE WEISSE STADT

Zumindest fassadentechnisch ist die weiße Stadt eher grau. Doch nicht nur für seine Ur-Einwohner, sondern auch für Zuwanderer bleibt Belgrad die gelobte Stadt.

DRANG ZUM FLUSS
Trotz verblichenen Glanzes ist Belgrad die lebenslustigste Baracke des Balkans geblieben

Manche Städteperlen eignen sich vor allem zu Besuchen. Andere mögen weniger fotogen sein – doch lässt es sich in ihnen einfach gut leben. Zum Glück zählt meine Wahlheimat Belgrad zu dieser Kategorie.

Ältere Belgrader, die die Donau-Stadt noch zur Blütezeit des in den 90er Jahren zerfallenen Jugoslawien erlebten, klagen zwar, dass „Beograd" durch Krieg und Bevölkerungsaustausch nicht nur ärmer und härter, sondern auch provinzieller geworden sei. Tatsächlich bleibt es auch flüchtigen Besuchern beim Anblick ausgebombter Ministeriums-Ruinen, bröckelnder Betonviadukte und Plattenbauten kaum verborgen, dass die „Weiße Stadt" bessere Zeiten gekannt haben muss.

Doch trotz Kriegsschatten und Entbehrungen der Endlostransformation: Die Ex-Hauptstadt des untergegangenen Jugoslawien-Reichs ist nicht nur die vielseitigste, sondern auch die mit Abstand lebenslustigste Metropole des Balkans geblieben.

Mehr kapitalkräftige EU-Investoren mögen sich inzwischen in Rumäniens quirliger Boomstadt Bukarest oder selbst in Bulgariens sympathisch verschlafener Hauptstadt Sofia drängeln. Doch ob Sloweniens schmuckes Kleinod Ljubljana, Albaniens aus jahrzehntelangem Aschenputteldchlaf erwachende Tirana, Bosniens bergige Schönheit Sarajevo oder Kroatiens blitzsauberes Zagreb: Zumindest was das Ausgangsleben angeht, kann sich keine der alten und neuen Balkan-Hauptstädte mit der Stadt der 1001 Wirtshäuser, Tanztempel und Terrassen messen.

Weniger als 400 Euro im Monat beträgt das statistische Durchschnittseinkommen der Serben. Doch ob in den von vollbusigen Liebhaberinnen der Schönheitschirurgie bevölkerten Nobelkneipen des „Silicon Valley", oder in Studenten- oder einfachen Vorortschänken: Geruhsam, aber immer in Gesellschaft lassen die tratschfreudigen Belgrader auch am Tage in erstaunlich großer Zahl im Kaffeehaus die Seele baumeln.

Selbst die coole Klientel der Belgrader Hiphop- oder Technotempel ist alles andere als unterkühlt. Mit Spiritus lassen die Kellner im Sargon die Flammen auf den Tresen züngeln. Die angeheuerten Vortänzerinnen werden zu später Stund' ungeduldig durch langbeinige Besucherinnen von Podesten und Metallstangen verdrängt.

Trotz aller Ausgelassenheit sind mitteleuropäische Alkoholexzesse den Serben wie anderen Südeuropäern eher fremd: Bis zum Morgengrauen, aber ohne Hast schlürfen Belgrads Müßiggänger neben Rakija, Wein und Bier auch Limonade oder Wasser.

In der Heimat der Spanferkel haben neben den Vegetariern jedoch auch Nichtraucher einen schweren Stand. Zur kalten Jahreszeit sind Belgrads atemberaubende Musentempel schlichtweg erstickend. Dank ihres routinierten Griffs zum Glimmstängel haben sich die Serben den Titel der unbestrittenen Rauch- und Schmauch-Könige Europas gesichert.

Zum Glück währen Belgrader Winter nur kurz. Sobald aus dem Süden der warme „Jugo" über Donau und Save streicht, ist Aufatmen angesagt – und drängt es die Bewohner der Zweistrom-Stadt aus den stickigen Räucherstuben heraus an die Flüsse. Am angenehmsten und ohne voltstarke Beschallung lässt sich mit Fischsuppe auf den Donau-Terrassen von Zemun löffeln. Südlich ankern vor den Gestaden von Novi Beograd „splavovi" – schwimmende, teils mehrstöckige Floßschankstätten, auf denen das Nachtleben bis zum frühen Morgen wogt.

Auch in den Strandkneipen des künstlichen Sees an der Ada ist in den Nächten des ganzen langen Sommers Party angesagt. Ansonsten geht es an der Save meist beschaulicher zu. Die Besitzer schwimmender Wochenendhäuschen dösen angelnd in der Sonne, grillen ihren Fischfang - oder mitgebrachte Fleisch- und Wurstberge.

Selbst genieße ich den Sonnenuntergang beim kühlen Bier am liebsten auf dem ausrangierten Kahn des „Brodić", den mir mein Bekannter Bata hinter der Messe zeigte. „Ist normal hier", kommentierte er Belgrads beste Aussicht auf einen Fabrikschornstein.

(Belgrad im Juni 2007. Das „Brodić" ist noch immer meine Lieblingsschänke, die Glanzzeit des Silicon Valley hingegen längst vorbei. Die Folgen der 2008 einsetzenden Weltwirtschaftskrise und die Einführung einer Sperrstunde 2011 sind an dem einst sehr wilden Ausgangsleben nicht spurlos vorübergegangen: Vor allem unter der Woche geht es in Belgrader Wirtsstuben inzwischen merklich ruhiger zu.)

ZWANGLOSE NÄHE
Loblied auf die balkanische Kunst der Langsamkeit

Nicht überall machen die Kleider auch die Leute. Zeitgenossen, die Krawatten mehr als Zwang denn als Zier und die tägliche Rasur eher als Last denn als Lust empfinden, dürften sich beispielsweise in Serbiens Hauptstadt Belgrad ziemlich heimisch fühlen. Stoppelbart und offene Hemdknöpfe passen viel besser zu einer Kultur, die auf die Nähe setzt, steifes Zeremoniell meist meidet.

Selbst Serbiens berufsmäßig in feines Tuch gehüllte Würdenträger lassen sich so oft wie möglich in Jeans, Parka oder mit hochgekrempelten Hemdsärmeln ablichten. Ob Händeschlag, kratziger Wangen- oder gar schadenfroher Glatzenkuss: Ihrer Wiedersehensfreude lassen auch unrasierte Hünen bei der Begrüßung ihrer Freunde freien und ungekünstelten Lauf.

„Polako, polako! - Langsam, langsam!" lautet einer der auffälligsten Aufforderungen, die dem Neu- Belgrader bei seinen Erkundigungen in der „Weißen Stadt" in den Ohren klingen. Ein halbes Jahr warte ich denn auch schon auf die Reparatur meiner Kaffeemaschine. Zum Zeitbegriff haben aber nicht nur Serbiens gelassene Handwerker ein anderes Verhältnis als der durch das Leben hastende Mitteleuropäer. Verspätungen gehören bei Verabredungen dazu, zu frühes Erscheinen wird nicht unbedingt positiv gewürdigt.

Nur Geld habe er gewollt, aber „nicht mal sein Glas Wasser ausgetrunken", erregte sich kürzlich Nachbarin Snežana über die Kurzvisite ihres Popen. Die Botschaft habe ich verstanden. Der Blitzbesuch hat in Belgrad keine Konjunktur. Eine Stunde währt es seitdem mindestens, um bei Snežana den Mokka bis zum

Satz auf dem Tassengrund zu schlürfen – und sich über den neuesten Haus-, Stadt- und Polit-Tratsch unterrichten zu lassen.

Auch der kleine Plausch am Straßenrand pflegt das Gemeinschaftsgefühl des Viertels zu festigen. „Hast Du es mal wieder eilig?", feixte der Nachbar vom ersten Stock, als ich verspätet mit den frisch erworbenen Zeitungen hinauf zu meinem Dachdomizil schnaufen wollte. „Nein, natürlich nicht", beteuerte ich ertappt.

Die Amerikaner würden einfach überall alles vermurksen, eröffnete mein Gesprächspartner seinen morgendlichen Blick auf die Welt: „Erst auf dem Balkan – und jetzt im Irak." Der beste Käse und das schmackhafteste Lammfleisch „des ganzen Balkans" komme aus Pirot, stimmte der Mann aus Südostserbien hernach das mir bereits bekannte Loblied auf seine Heimatstadt an.

Ich schielte schon verstohlen auf die Uhr, als er über die Landflucht klagte und dann die Vorzüge der Trauben seines Weinbergs pries. „Hast Du eigentlich jemals meinen Rakija versucht?" Nein, schüttelte ich stumm den müden Kopf. „Komm, Du musst ihn nun kosten!", peitschte seine Stimme wie Donnerschlag in meinen verschlafenen Ohren.

Um neun Uhr morgens wisse ich auch den besten Pflaumenbrand kaum zu würdigen, wandte ich verlegen ein. Zudem harrten in der Heimat die Redaktionen meiner Botschaften – und müsste ich noch die Hausaufgaben für den Sprachunterricht schnitzen. „Ja, ja, immer schnell, schnell!", entließ er mich in ungewohntem Deutsch mit einem höhnischen Grinsen.

„Družiti se" lautet das auch für Kroaten und Bosnier so wichtige Verb, für das sich im Wörterbuch nur so hölzerne Übersetzungen wie „Kameradschaft pflegen" und „verkehren" finden. Die Kunst des gesellingen Miteinanders pflegen die Serben nicht nur im Familien-, sondern auch im Freundeskreis innig und ausgiebig.

Eine Woche lang meldete sich meine Sprachlehrerin wegen des Besuchs ihres in Deutschland lebenden Bruders vom Unterricht ab: „Wir gesellen und vergnügen uns." Doch auch in traurigen Momenten des Lebens ist enger Zusammenhalt angesagt. „Ich muss nun gehen", sprang Fußballkumpel Bata nach dem Erhalt einer SMS-Botschaft bei einer bierreichen Spielübertragung plötzlich abrupt auf. Der Vater eines Freundes sei gestorben: „Alle Freunde kommen nun bei ihm zusammen."

Ungewöhnliche Nähe wird dem Verkehrsteilnehmer auf den Pisten des Balkans jedoch auch von uniformierten Wegelagerern zu teil. „Was machen wir denn jetzt, Thomas?", fragte mich auf dem Weg in Bosniens Serbenmetropole Banja Luka ein Polizist, während er mir strahlend seine Laserstrahlpistole präsentierte: „30 Kilometer zu schnell!"

Mein Einwand, dass ich mich außerhalb der Ortsgrenzen wähnte, beeindruckte ihn kaum: „Das wird teuer!" Doch bevor er zum Aushandeln des Wegezolls kam, wurde er Opfer der eigenen Neugier. „Woher kommst Du? Was machst Du hier?", fragte er arglos. Die Auskunft, dass ich für ein Interview unterwegs zum regionalen Politfürsten sei, schien den neuen Duzfreund doch ein wenig zu verschrecken: „Nun gut, fahr weiter, aber pass auf: In zehn Kilometern kommt noch eine Kontrolle."

(Belgrad, Oktober 2007)

STADT DER INBRÜNSTIGEN SÄNGER
In der weißen Stadt wird nach Kräften geträllert, gebrummt und geschrummt

Dumpf wummern die gezupften Saiten des Kontrabasses. Getragen ächzt die Ziehharmonika. Dreistimmig stimmt die kleine Kapelle unter der Krone der Linde die melancholische Weise vom stehenden Wasser des bosnischen Ibar an. Inbrünstig fällt die überschaubare Schar der Besucher des Belgrader Wirtshauses „Čuburska Lipa" in die vertrauten Lieder über die Nächte in Split, die verrauchten Kneipen Belgrads und über schmerzende Herzen ein: „Lasst uns die Gläser auf den Boden werfen, die Saiten der Violine zerspringen – weil Du nicht mehr bist."

Mit sich in der Höhe windenden Händen singen die Gäste die gewünschten Weisen mit, lassen im Gitarrenbauch anerkennend die Dinar-Scheine entschwinden. Nein, wie viele Lieder er kenne, könne er nicht sagen, sagt mir in seiner Zigarettenpause der Ziehharmonika-Spieler: „Vielleicht 2000, vielleicht 4000 – ich weiß es nicht."

In kaum einer anderen Metropole des Kontinents wird so viel geträllert, gesummt und gebrummt wie in Belgrad - Europas Hauptstadt der Sangesfreuden. „Ne mogu da zaspim - ich kann nicht einschlafen", grölt der Sänger eines betagten Jugorock-Duos morgens um drei Uhr seinem sechsköpfigen Publikum in einer kleinen Kneipe im Stadtteil Vračar zu.

Nicht nur in den Traditionskneipen an der Touristenmeile Skardalija fiedeln die Geigen und schnaufen die Hörner zum vielstimmigen Gesang. In vielen Discotheken und auf den Kneipen-Flössen an den Gestaden der beiden Stadt-Flüsse dröhnt Live-Musik. Ob die

Hits des serbischen „Turbo- Folks", die altbekannten Rhythmen des Jugo-Rocks oder traditionelle Volksmusik: Begeistert stimmt das Publikum in die Sangesorgie mit ein.

Die Leute würden Live-Musik einfach lieben, erzählt die 30jährige Dolmetscherin Marija. Ohne Musiker sei ein größeres Fest kaum vorstellbar. Gesungen werde wie überall auch in Serbien meist über die Liebe, berichtet sie: „Manchmal sind die Lieder auch traurig. Doch eigentlich gibt es immer ein Happy End."

Der sanfte Wellenschlag der dunkel schimmernden Save plätschert gegen die schwimmenden Bohlen des „Schwarzen Panthers". Seit 18 Jahren singt Toma Jovanović auf seiner am Nordufer der Flussinsel Ada vertäuten Kafana. „Mehr Herz, mehr Emotion", feuert der wuchtige Wirt mit den Löffeln klackernd seine Mitstreiter an. Er habe schon auf dem ganzen Kontinent gastiert, doch Belgrad habe das „beste Nachtleben Europas", ist der Rom überzeugt.

Bis früh in den Morgen finden die Gäste den Weg über den schwankenden Steg, um Belgrads selbst ernannten „Gypsy Pavarotti" singen oder gar tanzen zu sehen. Viele Ehen hätten ihren Anfang auf dem schwankenden Grund seines Wirtshauses gefunden, behauptet Toma: „Musik ist für die Leute ein Ventil. Wir singen immer – ob wir nun fröhlich oder traurig sind."

Gegen den mächtigen Lindenstamm gelehnt gönnt sich Rentnerin Sonja in der Čuburska Lipa eine Sangespause. Aus Bosnien stammten die Lieder „für die Seele – und die großen Gefühle", aus Serbien die Oden über vertraute Flüsse, Weiden und die Heimat, berichtet die zierliche Rentnerin. Schwermütig seien die Weisen aus Mazedonien, „meerisch leicht" das Liedgut aus Dalmatien. Am vielfältigsten sei früher die Rock-

und Popszene im bosnischen Sarajevo gewesen. Doch aus ganz Jugoslawien seien einst die besten Fußballer, Basketballspieler, Schauspieler und Sänger nach Belgrad gepilgert: „Jeder, der was werden wollte, kam nach Belgrad: Denn hier war die große Stadt, winkte die Karriere."

Nur während der 90er Jahre waren in Belgrad die Lieder aus plötzlich feindlichen Bruderrepubliken in manchen Wirtshäusern verpönt. Heute lebt laut der aus Montenegro stammenden Sonja das frühere Jugoslawien zumindest im Sangesgut noch immer fort: „Die Grenzen haben sich geändert. Aber die Lieder sind geblieben."

(Verfasst im Mai 2008 anlässlich der Ausrichtung des Sängerwettstreits des Grandprix Eurovision in Belgrad. Gesungen wird in Belgrad noch stets. Der Schwarze Panther hat nach einem Brand und der Reality-TV-Karriere seines Vormanns Toma seinen Charme aber leider verloren. Die Linde der Čuburska Lipa wurde 2018 gefällt – und das traditionsreiche Wirtshaus abgerissen.)

IN BELGRAD GEHT ALLES GLATKO
Deutsche Lehnwörter erleichtern den Einstieg in die serbokroatische Sprachwelt

Das vertraute Schleudern der „vešmašina" (Waschmaschine) läutet am Samstagmorgen das Wochenende ein. Verschlafen schlurft endlich auch die Liebste im „bademantil" und ihren „pantofle" zum „fruštuk". Ob ich ihr das „beštek" geben könne, fragt die Morgenmuse, bevor sie sich die „puter" auf die frischen Brötchen vom „pekar" (Bäcker) schmiert.

Kroatisch, Serbisch, Bosnisch, Montenegrinisch: Ob denn das Erlernen so vieler Sprache nicht schwierig sei, fragen mich seit der Übersiedlung in die Ex-Hauptstadt des zerfallenen Jugoslawiens die Gäste. Nun, gar so schrecklich kompliziert war's nicht. Obwohl Kroatiens Sprachpatrioten zur nachhaltigeren Distanzierung von Serbien immer neue urkroatische Wortkreationen ersinnen und selbst Montenegro seinen Dialekt zur Sprache aufgewertet hat, eint die meisten Brüdervölker nach wie vor dieselbe Sprache.

Es gebe nur eine Sprache, sagt die in Zagreb geborene und in Belgrad groß gewordene Lebensgefährtin, während sie die Milch aus der „flaša" gießt. Der Linguistin glaube ich auf ihr serbokroatisches Wort. Doch auch relativ viele deutsche Lehnwörter erleichtern den Einstieg in das vermeintliche Sprachlabyrinth des verschwundenen Vielvölkerstaats: Wie auch in Osteuropa hat deutsches Handwerk den Wortschatz der Südslawen nachhaltig bereichert. Vom „šrafciger" (Schraubenzieher) bis hin zum „šmirgl papir" reicht die Palette deutschsprachiger Werkzeuge. Selbst manch urserbischen Ausdrücke haben deutsche Wurzeln. Während des Ersten Weltkriegs bettelten deutsche Deserteure in den Dörfern um Nahrung: Aus dem steten „Bitte und Danke" der lästigen Fremden wurde der „bitanga", der Nichtsnutz.

„Schreibe wie du sprichst!" lautete im 19. Jahrhundert die Maxime des serbischen Sprachreformers Vuk Karadžić. Ob das „gelender", der „ligestul" oder der „kofer" - auch dank seines Einflusses wirkt das aus dem Deutschen übernommene Wortgut bis heute unverändert vertraut. Doch nicht nur den ab dem 17.Jahrhundert eingewanderten Donauschwaben, sondern auch die „gastarbajteri" in der Fremde haben der Region neues deutsches Vokabular beschert.

In Belgrad geht bei guter „stimung" alles „glatko" (glatt). Als deutschsprachiges Heimspiel gestaltet sich auch der Besuch der Autowerkstatt. Ob ich mal den „anlaser" zünden und auf die „kuplung" treten könne, fragt der unter der geöffneten „hauba" meines Gefährts abgetauchte „majstor". Nachdem auch der rumpelnde „auspuh" ausgetauscht ist, rolle ich schließlich „rikverc" aus der Garage. Seinen verdienten Sonder-Obolus hat der Mann in der grauen „jakna" (Jacke) aber dem osmanischen Spracherbe zu verdanken: Lächelnd bedankt er sich für das großzügige bakšiš (Bakschisch = Trinkgeld).

(Belgrad, August 2010)

SOMMERLICHER KRISENBLUES
Zwangsurlaub in Balkonien: Leere Kassen zwingen Belgrader zur Improvisation

Hoffnungsfroh flattert seit kurzem Europas Sternenbanner über Serbiens Regierungssitz. Doch den meisten Belgradern scheint Europas gelobtes Wohlstandsreich in ähnlich fernen Höhen wie das neue Fahnen-Textil. Ob der Krisenstaat 2020 oder 2030 der kriselnden EU beitreten wird - wie ihre Leidgenossen in den Nachbarländern plagen auch die Serben im x-ten Jahr der Dauerkrise ganz andere Sorgen.

Leere Kassen, ein zerfallendes Sozialsystem und steigende Arbeitslosenraten zwingen selbst die noch relativ wohlhabenden Belgrader zur Improvisation: Krisenblues ist in diesem Sommer in Serbiens sonst so lebenslustiger Metropole angesagt. Nein, diesen Sommer werde er erstmals nicht zur Tochter und zum Enkel nach Italien fahren, berichtet mir mit betrübter Miene der Betreiber des Copy-Shops um die Ecke. Seit einiger Zeit beschäftigt er notgedrungen den sonst arbeitslosen Sohn in seinem Laden: „Der Urlaub würde mich insgesamt 1000 Euro kosten – und wie soll ich das bezahlen, wenn ich es nicht habe?"

Auf über 27 Prozent ist mittlerweile Serbiens Arbeitslosenrate geklettert, die Jugendarbeitslosigkeit wird auf fast das Doppelte geschätzt. Über die Hälfte aller 20 bis 34jährigen Serben lebt noch bei den Eltern – auch weil die meisten keinerlei eigene Einkünfte haben. Der verstärkte Zwangsurlaub in Balkonien lässt die Umsätze in Belgrads Gastronomie dennoch keineswegs sprudeln. Im Gegenteil: Handel und Gastronomie bekommen die leer gefegten Haushaltssäckel ihrer Kunden immer schmerzhafter zu spüren.

Die spottbilligen Wassermelonen bieten die Händler mit Blick auf die kargen Mittel ihrer Kunden jedes Jahr in immer kleineren Stücken an. Ihre Absatzeinbrüche in diesem Sommer beziffert die freundliche Eisverkäuferin am Kalenić-Markt auf „mindestens 70 Prozent": „Die Leute haben einfach kein Geld." Kürzlich habe eine Mutter drei Löffel für den von ihr erstandenen Billig-Eisbecher erfragt: „Zu dritt löffelten dann ihre Kinder den kleinen Eisbecher aus. Es ist einfach zum Weinen."

Offiziell beträgt das Durchschnittseinkommen in Serbien umgerechnet knapp 400 Euro im Monat. Doch vor allem in der Privatwirtschaft wird häufig deutlicher weniger bezahlt – und die Abführung der Beiträge für die Sozialversicherungen auch noch gerne „vergessen". Staatsdiener werden zwar etwas besser entlohnt – sehen sich aber dafür mit zunehmenden Verspätungen bei der Auszahlung ihrer Saläre konfrontiert. Mal trudelt das Gehalt mit zwei Wochen, mal mit drei Wochen Verspätung ein. Die Erleichterung ist bei jeder Zahlung groß: Die Angst, dass eine Monatszahlung „übersprungen" werden könnte, treibt angesichts gähnend leerer Kassen die Beschäftigten des öffentlichen Dienstes allmonatlich um.

Wer krank wird, sollte in Serbiens abgetakelten Krankenhäusern nicht nur über eine widerstandsfähige Konstitution, sondern auch über gute Kontakte zum Personal – oder eine ausreichend gefüllte Börse verfügen. Mit 300 Euro in die Hand des Chefchirurgen sicherte sich kürzlich eine vom endlosen Warten entnervte Bekannte für ihre Mutter endlich die nötige Hirnoperation. Nicht nur eigene Bettwäsche für die zerschlissenen Matratzen im Krankenbett war jüngst beim Krankenhaus-Aufenthalt meiner Partnerin von Nöten: Selbst nötige Infusions-Nadeln waren in der Apotheke selbst zu besorgen.

Doch Krise hin, leere Kassen her: Kinder sind zumindest bei der Reinigung in unserer Straße noch stets die Königskunden. Das Portemonnaie zückte ich nach fachkundiger Säuberung der befleckten Jacke meines Sohnes vergeblich. „Kleine Jacken für kleine Leute kosten nichts", belehrte mich der betagte Reinigungsfachmann mit einem krisenbeständigen Lächeln.

(Belgrad, Juli 2013. Auf die von Politikern gelobten besseren Zeiten harren die Serben noch stets. Das Durchschnittsgehalt krebst weiter unerträglich langsam auf die 450-Euro-Grenze zu. Die Arbeitslosenrate wurde mit allerlei Statistiktricks kräftig reduziert.)

BROTLOSE WASSERSPIELE
An einer kostspieligen Stadtverschönerung scheiden sich die Geister

Stille ist in den verkehrsumtosten Balkanmetropolen ein karges Gut. Und zentrumsnahes Wohnen hat auch in Belgrad seinen Preis: Selbst beim Feierabendbier ist auf meiner lauschigen Hinterhofterrasse das Rauschen naher Asphaltpisten ein ständiger Begleiter. Doch auch als lärmerprobter Innenstadtbewohner werde ich seit kurzem auf eine harte Belastungsprobe gestellt: Es ist eine feuchte und phonstarke Stadtverschönerung, die meine hart gesottenen Großstadtohren kräftig dröhnen lässt.

Nicht nur für Autofahrer und Fußgänger, sondern auch für Bus- und Straßenbahnchauffeure gilt die Passage um den nahen Kreisverkehr am Slavija-Platz als einer der mühevollsten Belgrader Alltagstücken. Auf sieben Ab- und Zufahrtsstraßen quälen sich die Vehikel über den holprigen Asphalt. Wenn dann auch noch liegen gebliebene Trolleybusse die Fahrbahn blockieren oder übereifrige Wachmeister hektisch das Chaos vergrößern, pflegen sich nicht nur heimische Passanten in der Balkanvorhölle auf Erden zu wähnen: Selbst die einmalige Schreckensfahrt um den Slavija-Platz bleibt vielen Besuchern unvergessen.

Eher positiv waren denn auch die Reaktionen, als die Stadtväter im letzten Jahr die Überholung des Kreiselinfernos ankündigten. Anfängliche Pläne, mit Hilfe von Unterführungen den Fußgängern den Gang um den weitgehend ampellosen Slavija-Platzes zu erleichtern, wurden allerdings verworfen. Stattdessen quält sich die Autokarawane seit kurzem um bunt bestrahlte Fontänen: Schlappe 1,8 Millionen Euro ließ sich die Stadt den größten Musikspringbrunnen Südosteuropas kosten.

Für die neue Verkehrsinselattraktion mussten selbst das Denkmal und das Grab eines vor über hundert Jahren verstorbenen Arbeiterführers weichen. „Brot und Spiele" titelt spöttisch die Zeitung „Danas". Eine chinesische Firma namens „Ali Baba" biete auf ihrer Site denselben Brunnen für ein Neuntel der Kosten von Belgrads neuem „Weltwunder" an, höhnt das Wochenblatt „NIN": Vermutlich seien bei dem stolzen Preis der Belgrader Wasserspiele gleich die Vermittlerprovisionen für Ali Babas 40 nimmersatte Räuber eingerechnet.

Auch im Web finden sich eher bittere Kommentare. Der Brunnen lenke die Aufmerksamkeit der Fahrer ab, sei am falsch positioniert, kitschig – und angesichts fehlender Mittel für Krankenhäuser und Kindergärten für Belgrad viel zu kostspielig, so deren Tenor. „Kitsch wie in Las Vegas - und wenige Meter weiter wühlen die Armen in den Abfällen," ätzt ein Surfer auf der Site des TV-Senders B92. Auch wenn das computergesteuerte Wechselspiel der Farben und Kaskaden nicht ganz mit dem Takt der aus den Lautsprechern dröhnenden Weisen zu harmonieren scheint, zeigen sich zumindest die Schöpfer des Wunderbrunnens begeistert. Die Fontäne werde zum „neuen Symbol" der Hauptstadt werden, verkünden freudetrunken die Bürgerväter.

Wenigstens bindet Wasser Feinstaub. Es sind indes weniger ästhetische als akustische Gründe, die mir persönlich die Freude am phonstarken Wasserspiel vergällen. Ob Pavarotti-Hymnen oder Michael-Jackson-Hits: Bis 22:00 Uhr dröhnt die ständig wiederholte Ohrenqual täglich vier bis sechs Stunden auf die Anwohner ein. Nach einer Flut von Anzeigen wegen Lärmbelästigung hat die Stadt zumindest den anfänglich absurd hohen Dezibelpegel der Brunnendisco vermindert. Ob es an der reduzierten Lautstärke oder der resignierten Kraft der Gewöhnung liegt: Auch der unermüdliche Brunnen-Pavarotti scheint mir längst zum festen Teil des Belgrader Großstadtkrachs geworden.

(Juni 2017. Inzwischen brummt der Brunnen nur noch selten – und hat die Stadt bisher folgenlos die Installierung von noch mehr Discofontänen angedroht)

FEDERER VERSUS NADAL
Auch auf holprigen Straßenbahnschienen ist beständige Verlässlichkeit gefragt.

Der stete Wandel macht auch in meiner in der Transformation etwas hängen gebliebenen Wahlheimat nicht halt. Kürzlich stöberte ich eine ungenutzte Straßenbahnkarte aus dem Jahre 2007 in meiner Jackentasche auf. 27 Dinar waren damals für eine per Lochstempel entwertete Fahrt auf Belgrad holprigem Schienengeläuf zu berappen. Fünf Jahre später ziert eine aufladbare Plastikfahrkarte mein Portemonnaie – und hat sich der Preis für den rumpligen Fahrspaß in Serbiens Hauptstadt mit 60 Dinar mehr als verdoppelt. Doch zumindest eins ist zum Glück geblieben, wie es war: Noch immer grüßt von vertrauten Straßenbahnvehikel etwas verblichen und auf Deutsch - die Stadt Basel.

Der Zerfall Jugoslawiens, die UN-Sanktionen, Krise, Korruption und am Ende gar ein Nato-Bombenhagel hatten Belgrads Nahverkehr im Kriegsjahrzehnt der 90er Jahre kräftig zugesetzt. Von einst 200 der kantigen Straßenbahngelenkwagen aus den tschechischen Tatra-Werken war zu Jahrtausendbeginn noch die Hälfte betriebsfähig.

Das reiche Japan beglückte darum 2003 die verarmte Donau-Metropole mit 93 nagelneuen Autobussen: Nach anfänglichen Klagen über die mangelnde Sauberkeit der Busse kontrolliert Nippons Botschafter noch stets penibel, ob die Morgengabe mit den Japan-Fähnchen auf dem Heck regelmäßig gewartet – und gewaschen wird.

Eine weitaus kostengünstigere, aber unkompliziertere Hilfe haben Belgrads Stadtväter hingegen den Amtskollegen in Basel zu verdanken. Bereits 2001 wurden die ersten in der Schweiz ausrangierten Straßenbahn-Gespanne nach einer gründlichen Überholung per Güterzug in die Donaustadt verfrachtet. Teilweise über vier Jahrzehnte hatten die 29 Gefährte samt Anhänger aus deutscher Düwag- Produktion auf ihrem gutmütigen Buckel. Eigentlich sollten sie nur für zwei, drei Jahre vor ihrer verdienten Verschrottung noch über die Schienen holpern. Doch nach über einem Jahrzehnt verrichten sie im hügeligen Belgrad noch stets ihre treuen und geschätzten Exil-Dienste: In elf Jahren gab nur einer der Veteranen aus Basel endgültig seinen Betriebsgeist auf.

Doch die Zeiten, in denen die Belgrader ausschließlich in rüstigen Tram-Veteranen zur Arbeit rollten, sind mittlerweile vorbei. Die klapprigsten der russischen Trolleybusse, deren energische Heizung zum Leidwesen der schwitzenden Fracht auch in den stickigen Sommermonaten nicht auszuschalten ist, werden seit 2010 allmählich durch kühlere Nachfolger weißrussischer Bauart ersetzt. Auch auf Belgrads Schienen vollzog sich im letzten Jahr eine kleine Revolution: Seit 2011 gleiten futuristische Straßenbahnen spanischer Fertigung wie ein Versprechen auf bessere Zeiten durch die gebeutelte Stadt.

Liebevoll tauften die stolzen Piloten der iberischen Gefährte ihre Augäpfel „Nadal": Die neue Straßenbahn sei so elegant wie das Tennisspiel ihres Namensgebers. Die bisherigen Platzhirsche aus der Schweiz rumpelten fortan hingegen als „Federer" durch die Stadt. Auf der Tennis-Weltrangliste war Namensgeber Roger zeitweise gar auf den dritten Platz abgerutscht. Und auch beim Kampf um die Gunst der Belgrader Straßenbahnfahrer schien der elegante „Nadal" zunächst das Rennen gegen den vertraut-soliden „Federer" zu machen.

Vollklimatisiert, lautlos, videoüberwacht und mit einem Computer-Cockpit samt Touchscreen ausgestattet verdrängte „der Spanier" „den Schweizer" zunächst scheinbar locker aufs Abstellgleis der Publikumsgunst. Doch wie im echten Tennis-Leben ist „Federer" gegen Nadal auch auf Belgrads Schienen ein beeindruckendes Comeback und die Rehabilitation geglückt. Denn das Hightech-Gefährt aus Spanien zeigt unerwartete Mucken.

Ob es an den rumpligen Trassen oder dem unbekannten Terrain liegt: Schon nach einem Monat blieb der erste „Nadal" zwischen den Wohlsilos von Novi Beograd reglos liegen. In der Weltrangliste war Federer schon längst an Nadal wieder vorbeigezogen, als es im September letzten Jahres endlich auch in Belgrad zum direkten Kräftemessen der beiden Straßenbahn-Giganten kam. An der Ecke zwischen der Ulica Resavska und dem Bulevar Kralj Aleksandar kamen Federer und Nadal sich beim Abbiegen streifend ins Gehege. Der Hightech- Spanier sprang mit lädierter Flanke aus der Spur – und blockierte für Stunden den Verkehr. Der robuste Schweizer erwies sich als standfester – und ruckelte nach kurzer Pause unverdrossen seiner Wege: Verlässlichkeit zahlt sich eben auch auf serbischen Schienen aus.

(August 2012. Federer und Nadal rumpeln weiter einträchtig durch Belgrad, während der Serbe Novak Djoković die Weltrangliste dominiert. Der Preis für eine Fahrkarte ist auf über 100 Dinar geklettert)

IKONEN FÜR DIE STRASSENHELDEN
Neues Nachrufphänomen: Graffiti für Verstorbene

Sein Leben war ebenso kurz wie sein Polizeidossier lang. Ob Raub, Autodiebstahl oder schwere Körperverletzung: 16 Mal wurde Marko „Taki" Filipović angezeigt, 50 Mal bei der Polizei vorgeführt – und drei Mal verurteilt. In seinem „Revier" im Stadtteil Dorćol wurde der Gangster 2007 schließlich standesgemäß aus dem Leben gerissen: Bei der Explosion einer Autobombe verstarb er an seinem 29.Geburtstag am Steuer seines Fahrzeugs.

Doch niemals geht auch ein schwerer Junge so ganz. Eine merkwürdige Gedenkstätte erinnert in Belgrad an das ermordete Mitglied des berüchtigten „Dorčol-Clans". Freundlich lächelt das Antlitz von „Taki" in schwarz-weißen Tönen von einer Mauer an der Ulica Gunduličev Venac. „Geliebt von wenigen, gehasst von vielen, respektiert von allen", erinnern englischsprachige Lettern an den verblichenen Justiz-Klienten.

Mit den großflächigen Gesichtern verstorbener Halbwelt-Helden, Hooligan-Anführer oder ganz normaler Jugendlicher werden die Belgrader seit der Jahrtausendwende immer häufiger konfrontiert. Als „Fassaden für den Bruder" bezeichnet die Zeitschrift „Nin" die sich in den Vorstädten allmäh- lich ausbreitende Verstorbenen-Galerie. Noch vor drei Jahren seien nur ein, zwei Graffiti-Künstler auf die Mauer-Nachrufe spezialisiert gewesen, mittlerweile habe sich deren Zahl wegen der steigenden Nachfrage auf über ein halbes Dutzend vermehrt.

Als „relativ neues Phänomen", das noch nicht erforscht sei, erklärt mir der Belgrader Anthropologe Ivan Čolović die „Mauernachrufe". Die „Graffiti-Ikonen" knüpften einerseits an die Tradition politischer Graffiti und Propaganda in den 90er Jahren an. Andererseits seien sie Ausdruck der „Pop- kultur" und vermutlich auch auf die traditionelle „Ablebenskommunikation" in der Region zurück- zuführen: Nicht nur in Serbien, sondern auch in Bulgarien sei es Brauch, Todes-Anzeigen mit dem Foto der Verstorbenen auf Haustüren und Laternenmasten zu kleben.

Den Anfang machten in den 90er Jahren die zweifelhaften Helden des Kriegsjahrzehnts. Am Vorort-Stadion des FC Obilić prangt noch immer die etwas verblasste Silhouette des einstigen Gönners des jugoslawischen Meisters von 1997, Željko „Arkan" Ražnatović: Der Chef der berüchtigten Kriegs-Miliz „Arkan Tiger" starb im Jahr 2000 bei einem Mordanschlag vor dem Intercontinental Hotel im Kugelhagel.

Mittlerweile haben sich die Graffiti-Techniken und Farben merklich verbessert. Meist werden die Auftrags-Graffiti, deren Preis rund 300 Euro beträgt, von Freunden der Verblichenen gemeinsam bestellt und bezahlt. Vorab wird die Zustimmung der Hauseigentümer eingeholt. Inzwischen sind die Mauernachrufe keineswegs mehr nur „prominenten" Straßenhelden der Belgrader Stadtviertel gewidmet. Ob Baneta, Nikola oder Suki: Ernst und unbekannt blicken aus den Leben gerissene Jugendliche ihre einstigen Mitbürger an, die sie zu Lebzeiten oft kaum bemerkt haben dürften.

Die überlebensgroßen Formate sind weniger durch das Streben der Auftraggeber nach möglichst großer Würdigung der Verstorbenen als durch die Eigenheiten des verwendeten Auto-Lack bedingt: Die feinste Linie, die sich mit Spraydosen ziehen lässt, ist eben eins bis zwei Zentimeter breit.

Auf die Todesursache wird auf den Nachruf-Graffiti nur selten verwiesen. Ein Pistolenschuss, ein Schrei und fließendes Blut im Mondesschein: Der junge Mann auf dem verrosteten Tor in der Belgrader Graffiti-Hochburg Lekino Brdo fiel offenbar einem Mord zum Opfer. Oft zieren die Portraits aber nur die Lebensdaten und der Vorname: Nur gelegentlich ist noch eine Zeile „für ewiges Gedenken" oder „für ewigen Ruhm" beigefügt. Gewidmet sind die Graffiti-Ikonen fast immer jungen Männern. Ob aus Respekt vor den Toten oder der Kunstfertigkeit ihrer Portraits: Übermalt werden die Mauernachrufe fast nie.

(Belgrad, März 2013)

4. REISETÜCKEN

Viele Länder, viel Segen: Nicht nur die zahlreichen Uniformträger und Währungen machen das Reisen im Vielgrenzen-Reich zu einer Herausforderung.

DIE SPÄTE RACHE DER MISSACHTUNG
Verwirrende Wegweiser erschweren Expeditionen ins Balkan-Labyrinth

Zumindest die Liebhaber von verschlafenen Zollstationen und Staatsstempeln kommen bei Expeditionen durch den grenzreichen Balkan voll auf ihre Kosten. Die Zeit der Jugoslawienkriege ist längst vorbei. Doch die Mitarbeiter der nationalen Straßenbauämter werden offenbar noch stets von ungestillten Rachegelüsten geplagt: Die einstigen Kriegsgegner strafen sie per Wegweiser mit unversöhnlicher Missachtung.

Der kalte Krieg der Straßenschilder erleichtert ausländischen Reisenden die Wegsuche keineswegs. Nur mit einer Europakarte lässt sich kaum eine erfolgreiche Transit-Bresche durch das einstige Jugoslawien schlagen. Dafür ist eine gute Spürnase – und noch bessere Kenntnis grenznaher Provinzkäffer gefragt.

Den Automobilwanderer, den es beispielsweise in die Hauptstadt Kroatiens verschlägt, findet sich am Ortsausgang von Zagreb mit einem Autobahnring, einem stattlichen Wegweiserwald und einem großen Dilemma konfrontiert: Wo zum Straßenteufel findet sich die Autobahn nach Serbien?

Nur knapp 400 Kilometer ist Serbiens Hauptstadt Belgrad von Zagreb entfernt. Doch einen Hinweis auf die nahen Nachbarn sucht der Reisende vergeblich. Wer Pech hat, biegt ratlos Richtung Rijeka, oder das slowenische Maribor ab. Der kundige Kenner steuert indes Slavonski Brod an – eine Provinzstadt auf dem halben Weg zur Grenze.

Nach knapp 200 Kilometer ist das erste Etappenziel passiert. Doch noch tappen Fahrtensucher beim Rätselraten über das eigentliche Ziel im Dunklen. Nur die Hinweisschilder zum Grenzort Lipovac (1243 Einwohner) weisen indirekt den Weg in die Millionenmetropole Belgrad: Erst 30 Kilometer vor der Grenze taucht die Unstadt endlich auch auf Kroatiens Wegweisern auf.

Auch auf Serbiens Autoput wird lieber auf den Grenzort Šid als das Ziel Zagreb verwiesen. Doch zumindest in Belgrad weist eine ausreichende Zahl von Schildern Kroatien-Reisenden einen deutlicheren Weg gen Zagreb. Schwieriger gestaltet sich von Serbien aus hingegen die Fahrtensuche ins nahe Kosovo. Auf der Autobahn bei Niš finden sich zwar Wegweiser ins ferne Thessaloniki oder das bulgarische Sofia. Doch nur Kenner wissen, dass die unscheinbare Ausfahrt Prokuplje den holprigen Weg in die Kosovo-Metropole Pristina freimacht.

Wie weit die Hauptstadt des Staatenneulings noch entfernt ist, lässt sich abseits der Autobahn wenigstens indirekt erahnen. Denn zumindest die Klöster im Kosovo hat Serbiens Straßenbauamt mit Wegweisern – und präzisen Kilometerangaben bedacht.

(Juni 2008. Inzwischen findet sich auf Kroatiens Autoput immerhin knapp 100 Kilometer vor der serbischen Grenze ein erster Hinweis auf Belgrad.)

ORIENTIERUNGSLOS IM STRASSENKAMPF
Nirgendwo wechseln Straßennamen so oft wie im früheren Jugoslawien

Im Dschungel der Großstadt verliert gelegentlich auch ein professioneller Pfadfinder die Übersicht. Ratlos legt sich die Stirn des Taxifahrers im Zentrum von Belgrad in Falten, als ich ihn bitte, mich zur Zar Nikolaj- Straße zu kutschieren. „Ist das die Straße des 14. Dezembers?", fragt er zweifelnd. Kein Problem, routiniert krame ich den zerfledderten Stadtplan aus der Tasche. Aber ach Du Schreck - die Einlegeblätter mit den Namen der umgetauften Straßen sind weg!

Der Kollaps des Sozialismus sollte den Städten Mittel- und Osteuropas eine völlige Umbenennung ihrer Straßennamen bescheren. Doch während sich die Bürger der einstigen Warschauer Pakt-Staaten rasch an die alten Vorkriegs-Namen ihrer Straßen vertraut machen konnten, bleibt diese Gunst den Bewohnern des zerfallenen Jugoslawiens bis heute versagt. Wie der turbulente Zeitenlauf sind auch die Straßen in den Nachfolge-Staaten einem steten Wandel unterworfen: Nirgendwo wechseln diese ihre Namen so oft wie in den Metropolen des früheren Jugoslawiens.

Nach einer gewissen Zeit könnten sich die Leute durchaus an neue Straßennamen gewöhnen, sagt der Belgrader Anthropologe Srđan Radović, der dem Phänomen der steten Straßenumbenennungen gar seine Doktor-Arbeit gewidmet hat: „Aber bei zu häufigen Wechseln ist das kaum möglich."

Mit dem Beginn der Jugoslawien-Kriege 1991 rollten auf Geheiß von Serbiens Autokrat Slobodan Milošević erste, nationalistisch angehauchte Säuberungswellen durch Belgrads Straßenschilderwald. Sozialistische Ikonen wie Tito und Partisanen-Generäle hatten als

Namensgeber vorläufig genauso ausgedient wie bekannte Kroaten oder Slowenen. Im Gegensatz zu anderen postsozialistischen Staaten verzichteten die Straßenschöpfer im national erwachten Serbien auf den Rückgriff auf vorsozialistische Namen: Denn alle Namensgeber, die an die pan-jugoslawische Idee erinnerten, waren verpönt.

Milošević ist schon lange gepurzelt. Doch ein Straßenausschuss beschert den Asphaltschluchten der Zwei-Millionenstadt bis heute anhaltende Wellen von Um-, Rück- oder Neubenennungen. In Belgrad seien inzwischen fast alle Straßennamen, die an den Zweiten Weltkrieg und den Sozialismus erinnern, systematisch getilgt, berichtet Radović. In Montenegros Hauptstadt Podgorica und Sloweniens Kapitole Ljubljana seien hingegen schon wieder erste Straßen nach Jugoslawiens Ex-Landesvater Tito benannt.

Die Einlegeblätter im Stadtplan werden in Belgrad wohl weiter nötig sein. Beim Besuch des russischen Präsidenten Medwedew sagten Belgrads Stadtväter dem Gast kürzlich großzügig die Rehabilitierung von aus dem Stadtplan verbannten Sowjet-Generälen zu. Straßennamen reflektierten immer den politischen Zeitgeist, sagt Radović. Die in allen Nachfolgestaaten grassierende „Jugo-Nostalgie" werde sich bald auch in Serbiens Stadtplänen niederschlagen, prophezeit der Straßennamen-Forscher anhaltende Orientierungslosigkeit im Belgrader Straßen- K(r)ampf. Es gebe in Serbiens politischer Elite noch stets kein Konsens über die Sicht auf die Geschichte: Eine Stabilisierung der Lage sei in Belgrads Stadtplänen „wohl so schnell nicht zu erwarten".

(Belgrad 2008. Umbenannt werden die Straßen noch immer kräftig. Die Taxifahrer nutzen allerdings mittlerweile fast alle Navigatoren.)

VIELE GRENZEN, VIEL GELDSEGEN
Im Vielgrenzen-Reich verliert der Reisende schnell die Devisen-Orientierung

Zumindest die Fachfrau behält im balkanischen Währungssalat die Übersicht. „Das ist nicht von uns", sagt die Zeitungsverkäuferin in Serbiens Hauptstadt Belgrad pikiert - und fischt mit spitzen Fingern eine bosnische „20-Feniga"- Münze aus dem überreichten Dinar-Segen.

Ob rumänische Lei, moldawische Leu, bulgarische Lew oder albanische Lek; ob serbische Dinar oder mazedonische Denar: Mit einer Schublade voll abgewetzter Geldbeutel und ausgebeutelter Umschläge müht sich der geplagte Balkanreisende seine verwirrende Barschaft zu trennen. Doch oft sind auch strengste Selektierbemühungen vergeblich. Nach jeder Expedition in der Vielstaatenregion mogeln sich zwar echte, doch unnütze Münzen am falschen Ort in den chronisch leeren Korrespondentensäckel.

Aber nicht nur beim Austausch der Telefonkarten, sondern auch beim Gang zum Geldautomaten geht bei schnellen Grenzwechseln zuweilen die Übersicht verloren. In der Not wird das eigene Konto wegen fehlerhafter Umrechnung auch schon mal versehentlich um 300 statt der beabsichtigten 30 Euro erleichtert. Lohnenswert ist die Investition in das Bündel speckiger Geldscheine in der Korrespondenten-Schublade keineswegs. Denn zumindest eins ist den klangvollen Währungen der Vielvölkerregion gemeinsam: ein stetiger und schneller Kursverlust.

Im grenzenlosen Wohlstandsbündnis der EU hindern inzwischen weder Schlagbäume, Visa noch uniformierte Wegelagerer der Reisenden Lauf. Auf dem Balkan sind Grenzgängern hingegen nicht nur Warteschlangen und die neugierigen Fragen schwatzhafter Zöllner, sondern auch regelmäßige Wechsel der Passierscheine gewiss. Viel Grenzen, viel Segen: Vier Jahre vor Ablauf ist mein Pass wieder voll gestempelt. Auch der Blick durch die Frontscheibe des Vehikels auf Grenzsteine und Landesflaggen wird zunehmend von hartnäckigen Kleberesten getrübt: Auch der kleinste Kleinstaat zwischen slowenischen Alpen und rumänischen Karpaten vermag den Reisenden mit kostspieligen Öko- und Pistenvignetten zu beglücken.

Doch zumindest der Reisekunst der Langsamkeit lässt sich auf dem ebenso grenz- wie serpentinenreichen Balkan-Geläuf ausgiebig huldigen. Ob der wunderliche Kontroll-Parcours mit einem ausgehändigten USB-Stick, den die Grenzgänger an der bulgarisch-mazedonischen Grenze zu absolvieren haben; ob die „Ameisen"-Schmuggler, die vor den Duty-Free-Shops im rumänisch-serbischen Niemandsland Reservereifen und Wäsche mit Zigarettenstangen polstern; oder die Kiesellaster, die zwischen den serbischen und kosovarischen Grenzposten flugs ihre Kennzeichen wechseln: Zumindest für Abwechslung ist beim balkanischen Grenzwechsel immer gesorgt.

(Belgrad, Februar 2010. Einige Grenzübergänge sind – im Gegensatz zu den Zufahrtsstraßen – mit Hilfe von EU-Geldern mittlerweile modernisiert. Seit der weitgehenden Abschaffung der Visapflicht für Bürger der EU-Anwärter bei Reisen ins Schengenreich werden EU-Pässe an den Grenzen kaum mehr abgestempelt.)

WAPPEN GEGEN VANDALEN
Grenzüberschreitende Autofahrten haben im früheren Jugoslawien gewisse Tücken

„Magst Du die Albaner?", fragte mich kürzlich die Rezeptionistin meiner Herberge in der Kosovo-Hauptstadt Pristina – und wies auf das albanische Landesfähnlein, das an der Heckscheibe meines Belgrader Gefährts baumelte. „Klar", antwortete ich, während ich ihr mein Reservoir an Austauschflaggen im Handschuhfach zeigte: „Und ich mag auch Serben, Kroaten und Bosnier."

Als ständiger Wanderer zwischen allen Balkan-Welten ist dem ausländischen Korrespondenten jegliche patriotische Autofensterschmuck eigentlich völlig fremd. Doch seit ich die grenzüberschreitenden Expeditionen in einem Gefährt mit Belgrader Kennzeichen in Angriff nehme, plagt mich bei Fahrten in die ex- jugoslawischen Nachbarländer dasselbe Problem wie die Autofahrer meines Gastlands: Es ist die Sorge um ihr heilig's Blechle, die viele serbische Automobilisten noch immer eher zögerlich die einstigen Kriegsgebiete des zerfallenen Jugoslawiens ansteuern lässt.

In weiser Voraussicht hat sich der Vielvölkerstaat Bosnien und Herzegowina nach dem Krieg für Kennzeichen ohne geographische Ortsmarke entschieden: Zumindest an Bosniens nur mit Zahlensalat verzierten Nummerntafeln ist nicht auszumachen, ob der Eigentümer der jeweiligen Karosse ein muslimischer Bosniake, Serbe oder Kroate ist. Mit einem serbischen „BG" als Kennzeichen lässt sich deren Herkunft indes nicht verbergen.

Warnend berichten Belgrads Presse in jedem Sommer über mutwillig beschädigte Vehikel serbischer Urlauber an Kroatiens Adria. Sicherlich handelt es sich um medial überhöhte Einzelfälle. Doch die Furcht vor zerkratzten Lack und zerstochenen Reifen aus vermeintlichem Nachkriegsgroll sitzt nicht nur bei serbischen Urlaubern, sondern auch beim ausländischen Berichterstatter tief. Ob bei Reisen ins kroatische Dubrovnik, bosnische Sarajevo oder kosovarische Pristina: Mit den passenden Austausch-Fähnlein kehrte mein Belgrader Gefährt bisher stets unbeschadet in seine Zulassungs-Stadt zurück.

Im Verkehrschaos des Belgrader Großstadtdschungels hilft indes auch kein schützendes Fahnentuch vor Kratzern: Die einzige stattliche Delle im Lack im Korrespondentenvehikel habe ich mir bei einem etwas zu gewagten Parkmanöver selbst eingebrockt.

(Pristina, August 2010)

IN DEN FAHRRADSCHLUCHTEN DES BALKAN
Fahrradferien in Südosteuropa sind nur für hartgesottene Sattelreiter geeignet

(Foto: Florian Kellermann)

Einst war mir der Drahtesel das vertrauteste und zuverlässigste Taxi. Doch obwohl sich Belgrad an der Brankov-Brücke gar eines in der Region wohl einzigartigen Fahrradaufzugs brüsten kann, besteige ich in meiner Gaststadt den Fahrradsattel eher selten. Es ist weniger die fehlende Kondition oder das lädierte Knie als die Angst vor dem motorisierten Mitmenschen, die mich allenfalls noch auf dem Radweg von der Save-Insel Ada bis zur Donau-Vorstadt Zemun von einem Wirtshausfloß zum anderen strampeln lässt: Wie in allen Balkan-Metropolen haben Zweiradfreunde auch in Serbiens Hauptstadt einen eher schweren Stand.

Atemberaubende Winnetou-Schluchten, beeindruckende Höhenzüge und malerische Täler bietet der Südosten des Kontinents zwar genug. Doch obwohl der Balkan über alle natürliche Vorzüge verfügt, die das Radlerherz höherschlagen lassen, ist die Region für Ferien im Fahrradsattel nur für stresserprobte und eher hartgesottene Velo-Freunde geeignet: Es sind weniger schweißtreibende Anstiege als rücksichtslose Raser, die Balkantouren auch für erfahrene Radler zum oft lebensgefährlichen Hindernislauf werden lassen.

Doch überzeugte Radenthusiasten lassen sich ohnehin nicht schrecken. Schlammüberspritzt, aber voller Tatendrang rollte vor zwei Wochen mein Nürnberger Freund Florian mit einem Radlergefährten auf der Durchreise in Richtung Thessaloniki in Belgrad ein. Die Pannonische Tiefebene hatten sie von Budapest aus entlang der Donau durchquert, sich selbst von der Abriegelung des Europäischen Radwanderwegs durch Ungarns Stacheldrahtbarrikaden gegen Flüchtlinge nicht vom Kurs abbringen lassen.

Er liebe die Berge und hoffe auf weniger Verkehr, erklärte mir Florian, warum die ebenso bier- wie tatendurstigen Gäste ihr griechisches Ziel über den Umweg Bosnien, Montenegro und Albanien ansteuern wollten: Gegen zudringliche Straßenhunde habe er sich vor Abfahrt bereits mit einem Pfefferspray bewaffnet.

Mit schaudernder Bewunderung lese ich seitdem seine per SMS und Mail fast täglich eintrudelnden Zwischenberichte über die überwundenen Obstakel bei seinem Querfeldein-Rennen durch den Balkan. Mal zwingen unbeleuchtete, mit Wasserpfützen übersäte Tunnel zu schweiß- treibenden Umwegen über steile Gipfel und Schotterpisten. Mal sind kleinere Grenzübergänge für Ausländer nicht zu passieren – oder entpuppen sich bei Google-Maps ausgewiesene Straßen als kaum zu befahrende Wanderwege.

Dabei pflastert beispielweise die Zweistromstadt Belgrad dank deutscher Entwicklungshilfe-Anstrengungen ein hoffnungsfroher Fahrradschilder-Wald: Optimistisch führen Wegweiser die wenigen versprengten Radtouristen in Richtung vermeintlicher Radwanderwege wieder aus der Stadt heraus. Eigene Rad- oder gar Radfernwege sind jedoch in den meisten Balkanstaaten oft völlig unbekannt – oder enden nach wenigen hundert Metern im Nichts oder auf verkehrsumwogten Asphaltpisten.

Die größte Herausforderung in den tückischen Radlerschluchten des Balkan bleiben selbst für furchtlose Berggemsen die LKW- und Busfahrer, die beim Überholen keinerlei Ausweich- Neigungen erkennen lassen und staubige Dieselabgase im Zentimeterabstand ins gestresste und verschwitzte Radler-Gesicht blasen.

Mehrmals habe er sein Gefährt zur Sicherung von Leben und Fahrrad in den Straßengraben steuern müssen, berichtet mir der nun ins albanische Tirana gelangte Florian: „Die berühren Dich fast beim Überholen. Das sind Adrenalinstöße, die man sich lieber ersparen würde."

Ob zerfetzte Schläuche oder Bremszüge: Den Mangel an Ersatzteilen wiegen die findigen Tüftler der Region hingegen mehr als auf. Selbst klemmende Hebel und gerissene Züge von Hightech-Schaltungen wissen die geduldigen und fingerfertigen Balkan-Mechaniker noch zu reparieren – und nicht nur auszutauschen.

Schattenlose Berganstiege in der sengenden Mittagssonne seien schon fordernd, räumt Florian ein. Doch in der Balkanhitze lasse es sich immer noch besser radeln als im norwegischen Dauerregen, mag er auch über gelegentliche Brutofentemperaturen kaum zu klagen. Die große Zahl preiswerter Pensionen am

Wegesrand erspare zumindest den lästigen Transport von Schlafsack und Zelt. Doch am meisten sagt ihm die kräftigende Radlerkost bei seiner Expedition durch das Grilleldorado des Balkans zu. „Tonnenweise" habe er Fleischberge und –platten vertilgt: „Wir können strampeln, soviel wie wir wollen: Unsere Wampen wollen einfach nicht weichen."

(Belgrad, August 2016)

5. UNTERWEGS

Und ewig rufen Meer und Sonne: Wenn es wärmer wird, ereilt der Lockruf der Adria nicht nur ausländische, sondern auch heimische Sonnenjünger. Doch nicht nur meerumspülte Touristenhochburgen locken auf dem Balkan die Besucher.

WEG VON DER INSEL
Andrang nur im Sommer: Entvölkerung bleibt das größte Problem von Kroatiens Inseln

Es waren die Berichte der Freunde, die uns auf die amweitesten vom Festland entfernte Insel verschlagen hatte. Die Natur auf Vis sei einfach „einmalig", versicherte uns auf der Fähre von Split eine weißhaarige Rentnerin. Ihre Tochter wolle zwar, dass sie zu ihr aufs Festland ziehe: „Doch da fehlt mir einfach der Duft der Orangen."

Leicht schaukeln am Zielort die Schaluppen im glasklaren Wasser. Kreischend kreist eine einsame Möwe über dem verschlafenen Hafen von Komiža. Auch die Besucher wollen von dem anheimelnden Hort der Entschleunigung so schnell nicht wieder weg. Nur in den Sommermonaten macht sich hingegen der Wirt der „Konoba Koluna" aus Split auf seine Heimatinsel auf. Von den rund 1500 Einwohnern in Komiža lebten nur 800 ständig auf der Insel, erzählt er uns. Gut die Hälfte der Verbliebenen sei zudem mehr als 70 Jahre alt: „Im Winter ist hier absolut nichts los". Zwar verfüge die Insel noch über alle Schulen: „Aber zum Studieren gehen die Jungen nach Split oder Zagreb – und kommen nur selten wieder zurück."

Hoch über dem Meer winden sich die Serpentinen an verfallenen Gehöften vorbei. Im Jahr 1900 zählte die Insel noch fast 10 000 Bewohner. Inzwischen ist deren offizielle Zahl auf ein Drittel geschrumpft. Ein Einzelfall ist die Entvölkerung von Vis keineswegs. Obwohl Kroatiens Insel-Archipel als wichtiger Touristenmagnet des Adria-Staats gilt, werden die meisten Inseln seit Jahrzehnten von anhaltendem Bevölkerungsschwund geplagt.

1244 Inseln zählt der EU-Neuling: Nur 46 von ihnen gelten noch als bewohnt. Stellten die Inselbewohner um 1900 noch über fünf Prozent der kroatischen Bevölkerung, ist deren Anteil mittlerweile auf 2,8 Prozent geschwunden. Zwar vermeldete die letzte Volkszählung von 2011 erstmals sich leicht stabilisierende Bevölkerungszahlen. Das scheinbar positive Bild wird laut Demographen allerdings durch trügerische Statistiken und die „fiktive" Bevölkerung in den Wochenendhäuschen verzeichnet. Eine wachsende Bevölkerung weisen nur durch Brücken zum Festland verbundene „Pseudo-Inseln" wie Krk, Pag oder Vir auf.

Vor allem für kleinere abgelegene Inseln wie Unije, Olib oder Molat geht der Grad der Entvölkerung bereits an die Existenz. Auf Susak ist beispielsweise die Bevölkerung von einst 2000 auf mittlerweile 150 geschrumpft. Der Insel sind nur noch fünf schulpflichtige Kinder verblieben. Vor der Aufnahme in die Mittelschule auf der Insel Lošinj werden sie mit Hilfe eines eigens geschaffenen „e-learning"-Programms unterrichtet. Denn oft sind es junge Familien, die aufs Festland übersiedeln, um ihren Kindern die mühsame Fährenfahrt zur Schule zu ersparen.

So negativ wie manche Mitbewohner vermag Komižas Bürgermeisterin Tonka Ivčević die Entwicklung des Orts trotz aller Probleme nicht zu sehen. Als frühere Armee-Basis sei Vis bis 1989 für ausländische Besucher jahrzehntelang eine verbotene Insel gewesen, berichtet mir im Rathaus die Bürgermutter. Lange habe Vis nicht die Möglichkeit gehabt, sich touristisch zu entwickeln: „Aber das ist nun unser Vorteil. Andere Inseln wurden eher planlos zugebaut. Wir versuchen nun, einen nachhaltigen Tourismus entwickeln."

Von dem Saisongeschäft des Tourismus allein könne man in Komiža kaum leben, räumt Ivčević ein: „Hier beschäftigen sich die Leute mit allem. Fischerei, ein wenig Olivenanbau – und dann unterhält man vielleicht auch noch zwei, drei Ferienwohnungen."

Nicht nur den Inseln, sondern auch dem Land mache die Abwanderung in die Großstädte zu schaffen, sagt zum Abschied die Bürgermutter. Doch irgendwann werde es zu einer „Umkehr" dieses Prozesses kommen: „Wir leben in einem globalen Dorf. Es ist nicht mehr nötig, in der Großstadt zu wohnen, um seiner Arbeit nachzugehen." Auf Vis sitze man nicht nur im Auto, um die Kinder irgendwohin zu bringen oder abzuholen, preist sie die Vorzüge des Insellebens: „Hier hat man noch Zeit für die Familie. Und gibt es genug Platz für jeden, der gute Ideen hat – und in einer ruhigen Umgebung leben will."

(Vis, August 2015)

DER UNERHÖRTE LOCKRUF DER BUCHT
Touristen-Eldorado Montenegro fürchtet das Ausbleiben der russischen Gäste

Es war nicht nur der röchelnde Großstadthusten der Kinder, sondern auch die stete Sucht nach der Bucht, die uns die Flucht ins Land der Schwarzen Berge nehmen ließ. Heftig schwankend schaukelte sich der Propellerflugzeugveteran von Belgrad durch Regenwolken und zwischen hohen Gebirgsrücken ans Ziel. Von steilen Bergflanken umsäumt lag unter uns die Bucht von Kotor. Ein hoffnungsvoller Regenbogen spannte sich über Montenegros spektakulärste Szenerie, als wir in unserem Quartier niederstrichen. „Für einen Besuch am Meer ist immer eine gute Zeit", begrüßte uns Herbergsvater Zoran im Nieselregen.

Tatsächlich verflüchtigte sich das Hüsteln der Kinder beim Steinewerfen am kleinen Kieselstrand wie Butter in der Frühjahrssonne. Doch ausgerechnet bei der geschätzten Stammklientel findet der Lockruf der Bucht in diesem Jahr nur dürftig Gehör. Obwohl unter den Palmen von Kotor und Herceg Novi schon die ersten Müßiggänger flanieren, fiebern Montenegros Gastronomen der schleppend anlaufenden Saison eher mit Bangen als mit freudiger Erwartung entgegen: Es ist die Angst vor dem Ausbleiben der Besucher aus dem Osten, die die Vorfreunde auf den rollenden Touristenrubel kräftig verdüstert.

Seit Montenegros Unabhängigkeit 2006 haben sich die russischen Gäste zur wichtigsten Einnahmequelle der Gastronomie gemausert. Es sind nicht nur millionenschwere Tycoons aus dem Bruderland, die dem Kleinstaat besonders im Touristenmekka Budva stets mehr Bettenbunker von fragwürdiger Ästhetik bescheren. Vor allem Russlands Mittelstand sucht auch günstigere Pensionen und Ferienwohnungen an Montenegros

Gestade auf. Laut des Statistikamts Monstat ging 2014 fast ein Drittel der 8,5 Millionen Übernachtungen auf das Konto der Gäste aus dem Osten: Die Russen haben damit selbst die lange wichtigste Besucherklientel aus Serbien hinter sich gelassen.

Doch die slawischen Sommerbruderbande sind in der Ukraine-Krise gehörigem Druck ausgesetzt: Auch die Hooligan-Ausschreitungen beim abgebrochenem EM-Qualifikationskick gegen Russland waren zum Auftakt von Montenegros Tourismus-Saison kein gutes Omen. Schon vor Jahresfrist hatte Moskau Montenegro mit einem Touristenboykott und gar gegen die Hauptstadt Podgorica gerichtete Raketen gedroht, weil sich der EU-Anwärter den von Brüssel verhängten Russland-Sanktionen angeschlossen hatte.

Ob der Kleinstaat nun tatsächlich ins Visier des russischen Raketenarsenals gerückt ist oder nicht: Nicht nur wegen der Krise in Russland bekommt das Hotelgewerbe die Folgen des fernen Ukrainekriegs nun empfindlich zu spüren. Ein „schwaches Interesse" an Montenegro-Reisen vermeldete besorgt die Zeitung „Vijesti" von der Tourismusmesse in Moskau: Es sei mit einem Rückgang der Buchungen von 30 bis 50 Prozent zu rechnen.

Tatsächlich trudeln in der Bucht schon die ersten Absagen ein. So hat Russlands Wasserballföderation seine alljährlichen Trainingslager in Tivat genauso storniert wie Russlands Erziehungsministerium die seit vier Jahren an der Adria organisierten Englisch-Sprachkurse. Er rechne mit einem Rückgang von 80 Prozent klagt ratlos der Geschäftsführer der Hotelgruppe „Mimoza": Selbst ein Anstieg der Gäste aus Westeuropa werde die Ausfälle nicht kompensieren können.

Zumindest unser Herbergsvater scheint sich von den Unkenrufen nicht schrecken zu lassen. Die Ukrainer seien schon im letzten Jahr weggeblieben, berichtet Zoran achselzuckend – und verpasst unverdrossen seinen Ferienwohnungen einen neuen Anstrich. Wie andere Nebenerwerbs-Gastronomen hofft auch der Berufstaucher, dass der wieder angezogene Rubelkurs zumindest die russischen Individualtouristen wieder den Weg in die Bucht finden lässt. Nicht nur, weil sie sich gerne zu Anglertouren schippern lassen, ist Zoran auf die spendablen Besucher gut zu sprechen: „Die Russen sind angenehme Gäste, klagen nie, mögen Fisch - und sind glücklich, wenn sie am Meer sind."

Die gepflückten Zitronen sind eingepackt, der Trauben-Rakija im Koffer verstaut. Wie die Saison gelaufen ist, werden wir von Zoran beim nächsten Besuch im Herbst erfahren. Denn im Sommer schlagen auch wir lieber einen Bogen um die Bucht. Denn ob mit oder ohne Russen: In der Hochsaison ist Montenegros Küste einfach zu heiß – und zu voll.

(Kotor, April 2015. Montenegro ist inzwischen Nato-Mitglied. Russische Gäste finden trotzdem noch den Weg in die Bucht)

TRIPPELN UND DRÄNGELN
Kein Reiseziel für Leute mit Platzangst: Kroatiens Touristenmagnet Dubrovnik

Ein Anruf aus Köln hatte mir den erneuten Abstecher in die vermeintliche Adria-Perle eingebrockt. „Du, ich fliege nach Dubrovnik, sollen wir uns dort treffen?", so die Nachfrage eines alten Freundes. Drei Nächte habe er in einer Herberge mitten im Zentrum gebucht, antwortete er voller Vorfreude auf meine besorgte Frage, wie lange er sich Kroatiens Touristenmagnet denn antun wolle.

Auch meine Nachfrage, ob er denn um die begrenzte Größe der Altstadt und um die Heerscharen der sich durch sie quetschenden Besucher wisse, schreckten den ebenso unerschrockenen wie geschichtsinteressierten Kumpel keineswegs von seinem Reisevorhaben ab: „Dubrovnik wollte ich schon immer sehen."

„Gut", sagte ich resigniert – und kündigte eher widerwillig mein Kommen für seinen letzten Abend an: Denn wer Dubrovnik einmal in der Hochsaison erlebt hat, will eigentlich nicht mehr hin. Zwar gilt die Altstadt samt Stadtmauer zu Recht als einer der schönsten Städte des Mittelmeers. Und alle Spuren des Kroatienkriegs sind längst wieder getilgt. Doch im Sommer sieht man vor lauter Strohhüten, Kurzhosenträger, Fotojägern und Souvenirverkäufer das von der Unesco geschützte Gemäuer kaum mehr.

Merkwürdigerweise preisen Reiseführer Dubrovnik noch stets als einer der exklusivsten Adria-Ziele an. Dabei weisen die Statistiken jährlich 2,3 Millionen Übernachtungen für die wichtigste Touristen-Attraktion Dalmatiens aus. Hinzu spülen allein die unablässig vor die Festungsmauern tuckernden Kreuzfahrtschiffe in den Sommermonaten eine Million Tagestouristen in die gerade einmal 400 Meter lange und 300 Meter breite Altstadt. Bis zu 300 Busse am Tag karren derweil zu Land die Massen heran.

Dubrovnik ist denn auch kein Reiseziel für Explorer mit Platzangst: In Spitzenzeiten drängeln sich über 12000 Touristen täglich durch die Gassen der Altstadt, deren Fassungsvermögen auf allenfalls 7000 Besucher pro Tag geschätzt wird. Wer sich den Touristentummel nicht antun muss, nimmt dankend Reißaus: Nur noch wenige hundert Einheimische leben in der geplagten Altstadt.

Das Lokalkolorit neunsprachiger Speisekarten hat sich mir nie erschlossen. Doch ich war von einer früheren Visite für die erneute Begegnung mit Dubrovnik gerüstet, als ich meinen über das Kopfsteinpflaster rumpelnden Koffer vom Parkhaus in Richtung des Pile-Tors zog.

Münzschläger und in mittelalterliche Fantasie-Uniformen schwitzende Pantomimenkünstler drängten sich um den Onofrio-Brunnen. Ein um Marschordnung bemühter Zug japanischer Touristen kollidierte bei einer versuchten Kehrtwende mit einer polnischen und spanischen Besuchergruppe. Auch von dem in meinem Reiseführer empfohlenen „Bummel" zum Sponza-Palast konnte beim trippelnden Drängelschritt der über den Stradun wogenden Massen keine Rede ein: Immer wieder stieß der Koffer gegen die Knie und Hacken der Mitmarschierenden.

Zwei Nächte Dubrovnik wären „mehr als genug" gewesen, räumte der dank der Segnungen der mobilen Telefonie im Trubel schließlich doch noch aufgestöberte Freund reumütig ein: „Du kriegst hier den Koller, musst selbst Angst haben, nicht von der Stadtmauer gestoßen zu werden." Zumindest die Herbergsmutter unserer Pension hatte vor dem hastigen Abschied aus der Stadt der 1001 Souvenirläden noch einen guten Rat für eine etwaige Wiederkehr parat: „Kommt nächstes Mal im Januar. Dann ist es hier am erträglichsten."

(Dubrovnik, Juli 2013. Die Stadt will die Zahl der Kreuzfahrttouristen inzwischen begrenzen.)

ALT, TIEF UND KLAR
Der mazedonische Ohridsee harrt seiner touristischen Neuentdeckung

Eine laue Brise weht von den Anhöhen des Galičica-Gebirges über den sich kräuselnden See. Vom Strandgestade tönt fernes Kinderlachen. Mit leisem Gluckern gleitet das Wassertaxi unterhalb der Mauern des Klosters von Sveti Naum durch die glasklaren Fluten.

Kaum ein See sei so alt, so tief und so klar wie der Ohridsee preist Wassertaxi-Chauffeur Nikola mit zufriedenem Blick sein Arbeitsrevier. Durch unterirdische Quellbäche werde das vier Millionen Jahre alte Gewässer von dem höher gelegenen Prespasee gespeist, erzählt der Rentner. Das Kalkgestein wirke wie ein Filter. „Wirklich, das Wasser hier kannst Du trinken", weist der braun gebrannte Mazedonier mit einer Armbewegung über das erstaunlich transparente Nass: „Dies ist der schönste Flecken der Welt."

Ob Schwarzmeerküste, die Adria oder das Ionische Meer: Wenn die Hitze in den Asphaltschluchten dampft, drängt es auch die Großstadtbewohner des Balkans an die Küsten. Doch außer heimischen Stadtflüchtlingen drängeln sich zur Hauptferienzeit auch noch Heerscharen sonnenhungriger Sommerimmigranten aus kühleren Breitengraden an Stränden, vor Eisbuden und auf überfüllten Terrassen.

Klaustrophobisch veranlagt gibt sich der Korrespondent dem Meeresrauschen darum lieber zu ruhigeren Zeiten hin. Hechelnden Hitzeflüchtlingen bietet in der Hochsaison ausgerechnet das meerlose Mazedonien eine vollwertige und kühlere, aber etwas in Vergessenheit geratene Alternative: Im Südwesten des Landes harrt einer der größten Seen Südosteuropas seiner touristischen Neuentdeckung.

Vor dem Zerfall Jugoslawiens war der malerische Ohridsee als Reiseziel in ganz Europa populär. Vor allem aus den Niederlanden und Deutschland steuerten damals vollbesetzte Chartermaschinen den 700 Meter hoch gelegenen Bergsee im Grenzgebiet zu Albanien und Griechenland an. Von dem 1991 ausbrechenden Jugoslawien-Kriegen blieb das rasch unabhängig gewordene Mazedonien zwar verschont. Doch von den internationalen Touristenströmen war die „Balkanperle" des Ohridsee fortan weitgehend abgeschnitten.

Kaum war das Kriegsjahrzehnt der 90er Jahre in den Nachbarrepubliken endlich beendet, ließen 2001 blutige Scharmützel zwischen albanischen Nationalisten und der Armee das kleine Land selbst am Rande des Bürgerkriegs taumeln. Am Ohridsee sollten die Streithähne das Kriegsbeil schließlich begraben. Am See habe es damals nie Probleme gegeben, versichert auf seinem Kahn Wasser-Taxi-Chauffeur Nikola. „Wir leben schon seit Jahrzehnten friedlich mit unseren

Nachbarn zusammen", sagt er schmunzelnd – und weist auf das nahe albanische Ostufer: „Auf dem See gibt es keine Grenzkontrollen."

Vielstimmig zwitschern und summen unbekannte Vögel und Insekten in den Kronen der Pinien. Weit schweift der Blick von den Zinnen der wieder aufgebauten Mauer der Zitadelle von Ohrid über die 1979 von der Unesco zum Weltkulturerbe erklärten Stadt. Dort, wo einst die Gladiatoren wüteten, erklettern Besucher träge die Stufen des antiken Theaters. Ein Liebespaar turtelt im Schatten der freskenreichen Kliment-Kirche. Ob Griechen, Römer, Osmanen, Bulgaren oder Albaner die Geschicke der Stadt bestimmten – architektonische Spuren haben sie alle hinterlassen.

Nirgendwo in der Region gebe es so viele Gotteshäuser wie in der ältesten Stadt des Balkans, berichtet stolz die pensionierte Buchhalterin Gorica, während sie ihren Gästen einen frisch gebrühten Kaffee serviert: „Ob Orthodoxe, Muslims oder Katholiken – wir leben gut miteinander, ohne irgendwelche Probleme."

Schwer habe ihre Geburtsstadt jedoch unter dem Einbruch des Tourismus durch die Wirren der Jugoslawien-Kriege gelitten. Die schlechten Zeiten für den Ohridsee seien nun jedoch vorbei. „Aus aller Welt" würden wieder die Gäste kommen, die meisten aus dem nahen Serbien, erzählt die zierliche Frau. Für ihre nach Australien emigrierte Tochter sei Ohrid hingegen „leider" tiefste Provinz, bedauert Gorica. Selbst habe auch sie einst im Ruhrgebiet gewohnt: „Aber nach einem Jahr kam ich wieder zurück. Ohne den See und die Leute hier konnte ich einfach nicht leben."

(Ohrid, Sommer 2008. Das Land wurde 2019 in Nordmazedonien umbenannt)

GETEILTE SCHANKSTUBE
Wie Sloweniens Schengen-Grenze Nachbarn und ein Wirtshaus trennt

Der Duft von Rehbraten zieht über die Staatengrenze. Doch Freude über die Wirtshaus-Attraktion kommt bei der dunkelhaarigen Kellnerin des Traditionslokal „Kalin" im slowenischen Obrežje keine auf. „Dort ist Kroatien", weist sie mit einem müden Nicken durch die Schiebetür in die Hinterstube, „hier Slowenien".

„Furchtbar" sei der Tag gewesen, als nach der Unabhängigkeit der Nachbarstaaten 1991 plötzlich eine Grenze den mehr als 150 Jahre alten Gasthof teilte: „Die vielen Patrouillen und Alkoholkontrollen schrecken bis heute die Gäste ab: Wir verloren jede Menge Kunden." Gefragt, was sie von der Einführung der Schengen-Grenze erwarte, reagiert sie mit einem gleichgültigen Schulterzucken: „Wozu das alles? Hier war doch nie eine Grenze."

Jahrhunderte lang habe zwischen Slowenien und Kroatien keinerlei Grenze existiert, erklärt in der 150 Kilometer entfernten Hauptstadt Ljubljana Innenminister Dragutin Mate den Missmut vieler Anwohner. Deren Schaffung nach der Unabhängigkeit sei für die Betroffenen „sehr hart" gewesen.

Als „hart" empfindet der Minister auch die Tatsache, daß sich Slowenien zur stärkeren Integration in Europas Wohlstandsbündnis mit der Schaffung der neuen Schengen-Grenze noch stärker von den einstigen Mitbürgern in den ex-jugoslawischen Nachfolgestaaten abtrennen müsse. Befürchtungen, dass der grenzüberschreitende Alltag wegen Sloweniens Zutritt zum Schengenreich komplizierter werde, hegt der Würdenträger allerdings keine. „Einige Brücken" würden stärker kontrolliert werden: „Aber praktisch wird sich wenig ändern."

Wie frisch gewienert blitzen die Zollhäuschen am Grenzübergang von Obrežje in der Morgensonne. Alles sei neu, sagt ein slowenischer Grenzbeamte und weist stolz auf das blitzsaubere Abfertigungs-Terminal für die LKW. Ein neues Zeitalter breche für ihn persönlich aber nicht an: „Die Arbeit bleibt im Wesentlichen dieselbe."

Wenige Veränderungen durch Schengen werden zwei Kilometer entfernt auch im geteilten Wirtshaus „Kalin" erwartet. Als Slowenien im Sommer das Rauchverbot in Gaststätten einführte, hatten die Wirtsleute angenommen, dass die Gäste zumindest in der kroatischen Stube weiter dem blauen Dunst frönen könnten. Doch die Hoffnung auf einen erstmaligen Vorteil durch die Grenze sollte sich bald zerschlagen. Weil der Eingang in Slowenien liege, müssten dort Steuern entrichtet und im ganzen Gasthaus slowenische Vorschriften befolgt werden, seufzt die Kellnerin müde: „Die Grenze ist und bleibt eine Katastrophe."

(Obrezje, Oktober 2007. Slowenien trat kurz danach Anfang 2008 der Schengenzone bei. Zwar ist Kroatien seit 2013 auch EU-Mitglied. Doch während der Flüchtlingskrise im Herbst 2015 sicherte Slowenien die Grenze zum Ärger der Anwohner erstmals mit Stacheldrahtrollen ab. Der Gasthof „Kalin" hatte bei meinem letzten Besuch seine Pforten leider geschlossen.)

DER LOCKRUF DES BLECHS
Im Rausch der schallenden Sinnesorgie: Das Blechbläser-Festival im serbischen Guča

Ermüdungserscheinungen kennen die waghalsigen Bläser und ihre unersättlichen Jünger keine. Um drei Uhr morgens schnauft auf den Terrassen der Hauptstraße von Guča noch immer die Tuba, rumpeln die Trommeln im Neunachtel-Takt hektisch den aberwitzigen Läufen der Flügelhörner und Trompeten hinterher. Im kleinen Bierzelt lassen sich die Gäste gleich von vier Kapellen auf einmal bedröhnen. Direkt ins Ohr geblasen wirkt der Rausch der schallenden Hörner am stärksten.

Begeistert stopfen rotwangige Zecher im Bier- und Schallrausch Bündel von Dinarscheinen in die Hörner und die Hemdtaschen der unermüdlichen Musikanten. Auf den Tischen lassen Mädchen und dickbäuchige Bierliebhaber zum rhythmischen Klatschen der Trink-Kumpane ausgelassen die Hüften kreisen. „Bum, Bum, Bum, Kalaschnikow!", grölen die Jugendlichen, die mit Serbiens Flagge in der Hand im Morgengrauen das Trompeterdenkmal im Dorfzentrum erklimmen.

Eine überdimensionierte Trompete weist am Ortseingang den Weg. Seit 47 Jahren wird im zentralserbischen Guča der Bläserwettstreit um die „zlatna truba" – die „goldene Trompete" ausgefochten. Doch dem Lockruf des klingenden Blechs erliegen längst nicht nur die Bläser Serbiens. Tausende Brass-Jünger aus ganz Europa pilgern alljährlich in das 3000- Seelendorf, um beim größten Blechbläserfestival der Welt fünf Tage lang ungehemmt phonstarker Direktbeschallung – und balkanischer Lebensfreude zu frönen.

Der Siegeszug der Weltmusik hat den Bläsern des einstigen Provinzfestes auch international ein ganz neues Publikum erschlossen. Längst ist Guča kein Geheimtipp mehr: Die Sieger des Festivals füllen in ganz Europa die Hallen und Säle.

Das Fachblatt „Rolling Stone" hat Guča kürzlich gar in seine Rangliste der besten Musik-Festivals des Kontinents würdigend mit aufgenommen. Ein unvergessliches Erlebnis ist der Besuch des schrägen Bläserwettstreits für die größer werdende Schar der ausländischen Rucksacktouristen allemal – und ein erstaunlich erschwinglicher Spaß hinzu.

Straßenhändler bieten hölzerne Schnitzelklopfer, selbst gemachte Kühlschrank-Magnete und selbst Hamster feil. Das Phänomen der internationalen Festivalglobalisierung und Kommerzialisierung hat die ausgelassene Ethno-Party in Guča bislang nur ansatzweise infiziert.

Für bescheidene fünf Euro Eintritt ist fünf Tage lang blechernes Ohrensausen garantiert. Das in Plastikgläsern schäumende Fassbier ist noch für unter zwei Euro zu haben, Privatunterkünfte kosten rund 20 Euro pro Nacht. Wer keine bekommt, schläft seinen Rausch umsonst im eigenen Auto aus. Für Serbiens Tourismus-Strategen ist Guča das populärste Aushängeschild. Zwar baumeln an einigen Verkaufsständen noch immer T-Shirts mit den Konterfeis heimischer Kriegsverbrecher. Doch die Zeiten, dass das Guča-Festival vor allem heimischen Nationalisten als Manifestation des Serbentums diente, scheinen vorbei.

Ob langhaarige französische Hippies, deutsche Brass-Fans mit Nickelbrille oder serbische Patrioten mit Šajkača-Kappen auf dem kahl geschorenen Haupt: Einträchtig huldigt das zunehmend jüngere Publikum bei den Wettbewerbskonzerten im kleinen Dorfstadion dem fulminanten Balkan-Beat. Nur noch als Gast tritt in Guča indes der langjährige Seriensieger Boban Marković mit seinem nicht minder virtuosen Sohn Marko auf. „Darf ich noch ein Lied spielen?" fragt der Bläservirtuose weit nach Mitternacht sein enthusiastisches Publikum.

Für viele heimische Festivalbesucher spielt die Musik eher in den Kneipen und auf den Terrassen des nahen Volksfestes. Rote Paprikaschoten baumeln über den sich drehenden Grillspießen. Großäugige Lämmer und fetttriefende Spanferkel schwitzen über den Holzkohlen um die Wette.

Rhythmisch zur Musik der allgegenwärtigen Kapellen klopfen die Pljeskavica-Verkäufer mit ihren Gabeln gegen die mit Fleischbergen beladenen Grillroste, schaufeln kellenweise dampfendes Sauerkraut auf die Teller. Kleine Souvenir-Trompeten baumeln um die Nacken der Tänzer, die in der Freiluftdisco am Fluss zu den eingängigen Hits des serbischen Turbo-Folks die Planken schwingen lassen.

Die Bläser kennen kein Erbarmen. Noch stehen Nebel- und Grillwolken-Schwaden in den Hügeln um Guča, da schrecken um sieben Uhr morgens Böllerschüsse und neuer Hörnerklang die verschreckten Schläfer auf. Mit verquollenen Gesichtern verfolgen sie beim Kaffee oder ersten Tagesbier das muntere Morgenkonzert. Die verbliebenen Zecher nehmen das Frühständchen als Anlass zum späten Rückzug in Unterkünfte und Zelte. Eine unbeschwerte Nachfeier ist Nachtschwärmern bei dem lebensfrohen Volksfest garantiert. Zu jedem Cocktail gibt es ein Kondom – natürlich gratis.

(Guča, August 2008)

OLYMPISCHE PRIVATPISTEN
Zumindest auf den Skihängen um Sarajevo ist das frühere frühere Jugoslawien wiedervereint

Der Schnaps war schuld. Woher er die netten Olympia-Gläser habe, fragte ich meinen slowenischen Gastgeber David, als er mir im letzten Sommer in seiner Gartenlaube in Ljubljana einen selbst gebrannten Rakija seines Schwiegervaters einflösste. „Aus Sarajevo", so die logische Antwort: „Wir fahren dort jedes Jahr hin zum Skifahren. Wollt Ihr nächsten Winter nicht auch kommen?"

Die Faszination Wintersport hat sich mir als Ski-Banausen zwar nie so richtig erschlossen. Aber Davids alkohogeschwängerte Schwärmereien über Skiferien wie früher und die Aussicht auf frische Gebirgsluft beim Kinderhüten ließen mich dem Lockruf des Olympiabergs sofort erliegen. 28 Jahre nach den Winterspielen von Sarajevo machte ich mich mit Frau und Kind vom serbischen Belgrad wacker ins bergige Bosnien auf. „Bislang kennst Du nur mein Meereslächeln, aber warte mal ab, bis Du mein Schneelächeln siehst", klemmte sich die einzige Wintersport-Enthusiastin der Familie voller Vorfreude ins vollgepackte Reisegefährt: „Da gibt's kein Halten mehr."

Schnee gab's schon auf der glitschigen Schlingerfahrt durchs vereiste Bosnien genug. Doch erst als wir kurz vor Sarajevo in Pale den steilen Anstieg zum 1600 Meter hohen Olympiastützpunkt in Jahorina in Angriff nahmen und die Nachmittagssonne ihre letzten Strahlen über die weißen Tannenwipfel warf, wichen die Sorgenfalten der angespannten Co-Pilotin dem angekündigten Schnee- Grinsen: „Mann, ist das schön!"

Der von 1992 und 1995 wütende Krieg hatte nicht nur den Vielvölkerstaat Bosnien und Herzegowina, sondern auch die Olympiastätten um Sarajevo geteilt. Die näher an der Hauptstadt gelegenen und noch stets etwas vom Krieg gezeichneten Skigebiete Igman und Bjelašnica liegen heute auf der Gemarkung des Teilstaats der muslimisch-kroatischen Föderation, das von den Kämpfen weitgehend verschonte Jahorina auf dem Territorium des Teilstaats der Republika Srpska.

Doch die Nachkriegszeiten, in denen die überwiegend muslimischen Bewohner Sarajevos den Besuch des serbischen Jahorina vermieden, sind vorbei. Ob Serben, Slowenen, Kroaten, Montenegriner oder muslimische Bosniaken: Zumindest auf der Piste proben die Ex-Jugoslawen die schneereiche Wiedervereinigung.

Die rote Nase des Olympia-Maskottchen „Vučko" prangte neben der Rezeption im früheren Olympia-Hotels „Bistrica". Der einstige Olympiaglanz der zu sozialistischen Zeiten errichteten Bettenburg in 1600 Meter Höhe ist zwar verblichen. Doch zum Retro-Charme der selbst mit Tischtennisplatte ausgestatteten Herberge gesellten sich familienfreundliche Kellner und Preise: Schlappe 60 Konvertible Mark (30 Euro) pro Nase waren für die sehr fleischreiche Halbpension direkt an der Piste zu berappen. Nach neun Stunden Fahrt war schließlich auch Freund David mit Familie aus Slowenien ans Ziel gelangt. Ohne Meer könne er leben, „aber ohne Schnee nie", gestand er nach seiner ersten Abfahrt vergnügt.

Von Ljubljana aus seien die Skigebiete in den slowenischen oder österreichischen Alpen zwar nur eine kurze Autofahrt entfernt, aber doch nehme er für den Winter-Urlaub schon seit Jahren lieber die lange Fahrt durchs bergige Bosnien in Kauf. Nicht nur wegen seiner Schwäche für den ex- jugoslawischen „Retro-Stil" quartiere er sich alljährlich in Jahorina zum Ski-Fahren ein: „Klar gibt es in den Alpen bessere Pisten. Aber hier ist die Atmosphäre viel gemütlicher und intimer. Ich habe hier jede Menge Freunde aus allen Ecken des früheren Jugoslawiens kennengelernt."

Lieber keine Flagge als das falsche Banner. Während in jedem Dorf der Republika Srpska serbische Fahnen wehen, wird in Jahorina auf die Demonstration ethnischer Zugehörigkeit mit Rücksicht auf das panjugoslawische Publikum wohlweislich verzichtet. Nur im Cafe „Boema" prangt ein altes Jugoslawien-Banner mit dem roten Stern an der Wirtshauswand.

Ob er aus Sarajevo komme, fragte der stoppelbärtige Wirt in der benachbarten Schänke „Wolfsbau" einen Gast: Er habe dort früher an der Kathedrale gewohnt. Wann und warum er wegzog – niemand fragte nach, jeder konnte es ohnehin ahnen. Gespräche über Politik oder den Krieg sind beim bosnischen Après-Ski eher nicht gefragt.

Schwungvoll wedelten die fröhlichen Ski-Jünger die

unberührten Hänge hinab. Doch obwohl die als relativ schneesicher geltenden Berge um Sarajevo wieder Wintersport-Enthusiasten aus allen Ländern des zerfallenen Vielvölkerstaats auf die Piste locken, baumelten in Jahorina erstaunlich viele der funkelnagelneuen Sechser-Liftsessel leer in Richtung Gipfel. „Es ist die Krise, die Leute haben kein Geld", brummte der umgängliche Ćevapčići-Verkäufer an der Talstation, während er seinem einzigen Gast einen wärmenden Birnen-Rakija kredenzte. Die wiedergewonnene Reisefreiheit der ex- jugoslawischen Stammkundschaft machte die Rezeptionistin im Bistrica für die leeren Betten verantwortlich. Seit dem Wegfall der Visapflicht bei Einreise ins Schengen-Reich habe sich der Konkurrenzdruck für Jahorina verschärft: „Die Leute fahren jetzt auch woanders Ski."

Uns Besuchern konnte es recht sein. Aber nicht nur die leeren Pisten sorgten für Ski-Urlaub wie einst. Unter dem mächtigen Rauchfang in der urigen Gipfelschänke „Rajska Vrata" (Paradiespforte) züngelte ein wärmendes Feuer und kokelten schwarze Pellkartoffeln in der Asche. Zum letzten Mal sei sie als Kind Ende der 80er Jahre mit ihren Eltern in Jahorina gewesen, berichtete meine Reisegefährtin, während sie zufrieden die dampfende Kartoffelpracht mit frischem Kajmak bestrich. Damals seien ihr die Wartezeiten an den Olympia-Liften sehr lang erschienen: „Jetzt ist man praktisch auf Privatpisten unterwegs."

(Jahorina, Januar 2012. Gästezahlen und die Preise sollen inzwischen geklettert sein)

6. FESTE UND FEIERN

Selbst bei knapper Kasse oder leeren Taschen: Feste werden auf dem Balkan gefeiert, wie sie fallen – oft nach Fastenzeiten. Das Hohe Lied der ausgiebig zelebrierten Gastfreundschaft schlägt häufig recht kräftig auf den Magen.

HONIGKIND UND FETZENHEMD
Kurz und kratzig: Serbische Vaterfreuden

Es gibt sie noch, die gute Nachricht - zum Beispiel die von der Geburt meines Sohnes Martin. Der Anruf der frischgebackenen Großmutter hatte meinen nervösen Tigergang in den Katakomben der Belgrader Klinik beendet. „Alles in Ordnung. Melde Dich bei Snežana, die wird Dir das Kind zeigen", so die hastige Botschaft.

Die Familienbande sind es, die in Serbien die Wahl des Krankenhauses bestimmen. Denn nur verschwägerte und befreundete Engel in Weiß gelten im vom Personalmangel geplagten Klinikalltag als Garant für rasche Hilfe. „Zugang streng verboten" prangt ein Schild auf dem verschlossenen Portal der Abteilung Kaiserschnitt. „Ja, ihr Kind ist geboren – kommen Sie morgen wieder", versucht eine gestrenge Schwester den bittstellenden Vater abzuwimmeln. Ihre misstrauische Nachfrage, wie denn der Nachname der Ärztin Snežana laute, vermag ich nicht zu beantworten. Aber das Beziehungsvitamin erweist sich doch als das erhoffte Sesam-Öffne-Dich: „Alles klar. Sie können reinkommen, aber nur kurz!"

Nur einige Minuten sind mir am Bett der erschöpften Mutter vergönnt. Dann weist mir Snežana den Weg zum Sohn. „Ein Kind wie Honig", so ihre fachfrauliche Analyse. Das Leben beginnt in Serbien in einer flauschigen Zwangsjacke. Angeblich um Hüft- und Haltungsschäden vorzubeugen, werden die Neugeborenen in ihren ersten Lebenstagen traditionell wie Mumien gewickelt. Arme und Beine sind bei dem mir für wenige Sekunden präsentiertem Wickelpaket zwar nicht zu erkennen. Doch dafür lugt der als Brotlaib verpackte Sohnemann unter seinem schwarzen Haarschopf mit dunklen Augen und voller Neugier in die Welt. „Ein echter Balkanac", freut sich der Vater über das Kind seiner Region. Von einem „eher mediterranen Typ" spricht die stolze Mutter.

Aller Anfang ist kurz. So mühsam sich dem Vater der Zugang in die Kinderfabrik erschließt, so schnell wird er aus ihr wieder heraus befördert. Frischgebackene Väter haben nicht am Bett ihre Liebsten zu wachen, sondern sollen feiern – so will es der Brauch.

Unzählige Telefonate in alle Welt gehen mit hektischen Vorbereitungen zum improvisierten Umtrunk gepaart. Gerade sind die letzten Flaschen gebunkert, da klingeln schon die ersten Gäste. Kratzige Männer- und freudige Frauenküsse werden dem glücklichen Gastgeber auf die Wange gedrückt, bevor es ihm entschlossen ans Leder geht: Mit fester Hand wird dem Neuvater das Hemd vom Leib und in Fetzen gerupft.

Als Fruchtbarkeitstrophäen werden die ergatterten Textilreste sorgfältig in Hand- und Jackentaschen verwahrt: Das Zerreißen des Vaterhemds soll nicht nur das Unheil vom Neugeborenen abwenden, sondern auch eigenen Nachwuchs sichern. Beim steten Klirren der Gläser muss ich immer wieder über die Kurzbegegnung mit meinem Sohn berichten.

Der unausweichliche Kater wirft die ersten Schatten aufs frohe Gemüt, als sich der gerupfte Vater in den frühen Morgenstunden endlich die verdiente Bettruhe sichern kann. Der alkoholgeschwängerte Anfang der Vaterschaft ist gemacht. Nun würde ich meinen Sohn gerne endlich mal kennenlernen.

(Belgrad, März 2011)

VERLÄNGERTE FESTTAGSFREUDEN
Wenn die Weihnachtsvöllerei in Mitteleuropa endlich endet, fängt sie im orthodoxen Serbien erst richtig an

Erstaunlich warme Winde streichen derzeit durch Belgrads festlich geschmückte Straßen. Doch Frühjahrsgefühle kommen in Serbiens Vorweihnachtszeit keine auf. Denn während weihnachtsmüde Familienväter in mitteleuropäischen Breiten ihre nadelnde Wohnzimmerpracht erleichtert an den Straßenrand setzten, fängt die Festtagsvöllerei im orthodoxen Serbien erst richtig an.

„Lasst uns einen Weihnachtsbaum kaufen!", schreckte mich Freundin Lada kurz vor Sylvester mit der Schreckvorstellung verlängerter Weihnachtsfreuden auf. Mein Einwand, dass mein Bedarf an Tannennadeln, pappsüßen Glühwein und süß klingenden Glocken und Kassen seit meinem weihnachtlichen Heimaturlaub in deutschen Breiten eigentlich gestillt sei, fand kein Gehör. Nur einmal habe sie auf den Baum verzichtet – „und das hat kein Glück gebracht".

Ein starkes Argument – und den binationalen Hausfrieden wollte ich wegen meiner ganz persönlichen Weihnachtsermattung auch nicht aufs Spiel setzen. Eigenhändig bereicherte ich schließlich unsere Wohnstube mit einer lichten Fichte.

Wie die Russen feiern auch die Serben am siebten Januar ihr Weihnachtsfest: Die kalorienstarken Festtagsfreuden währen bis Mitte Januar. Sylvester ist der weltliche Auftakt des zweiwöchigen Festmarathons. Das religionsneutrale Neujahr wurde im zerfallenen Jugoslawien von den sozialistischen Machthabern bewusst zum wichtigsten Festtag des Jahres stilisiert: Und bis heute beglücken die Belgrader ihre Liebsten meist schon an Sylvester mit ihren Geschenken.

Nicht nur wegen der Zehntausende von Slowenen, die alljährlich zu Sylvester nach Belgrad pilgern, ist die Jahreswende für die Gastronomen ein einträgliches Zubrot. Nur sehr gläubige Serben fasten tatsächlich bis zum Weihnachtsfest. In vielen Haushalten müssen schon zu Neujahr Heerscharen von Schweinen über die Metzgerklinge springen. „Schmeckt's Dir nicht? Greif doch zu!" lautet die ebenso drängende wie schwer auf den Magen schlagende Festtagsbotschaft der Schwiegermutter.

Zur Weihnachtsfichte oder Plastiktanne gesellt sich am sechsten Januar noch ein weiterer Wohnungsschmuck. Am Heiligen Abend pflegen Familienväter auf dem Land eine junge Eiche mit getrockneten Blättern zu schlagen. Traditionell wird das so genannte „Badnjak", das das Brennholz in der Krippe symbolisiert, im offenen Kamin verbrannt. Doch für Wohnblocks eignet sich der brandgefährliche Brauch kaum: In den Städten dienen die schmucken Eichenlaub-Bündel als Badnjak-Ersatz eher der Dekoration – und werden kaum mehr verfeuert.

Auch weniger gläubige oder traditionsbewusste Serben pflegen an Heiligabend ungewohnt fleischlos zu tafeln. Salate, Bohnen- und Fischgerichte zieren den Festtagstisch: Wer die im Weihnachtsbrot eingebackene Münze erwischt, hat im neuen Jahr besonders viel Glück. Nach dem Ende der Fastenzeit trieft an den folgenden drei Weihnachtstagen von knusprigen Spanferkeln das Fett. Am Abend des 13.Januar nähert sich für die strapazierten Mägen und leidgeprüften Hausfrauen dann endlich das Finale des Festtreibens.

Erneut knallen am Serbischen Neujahr die Feuerwerkskörper, lassen Stadtväter für das ausdauernde Feiervolk Gratis-Konzerte mit den bekannten Pop-Barden des Landes springen. Etwas kürzer, aber oft noch wilder als an Sylvester wird nach Mitternacht in Wirtshäusern und Discotheken der Jahreswechsel zum zweiten Mal besungen – und ausgiebig begossen.

(Belgrad, Neujahr 2009)

FERIENZEIT IST HOCHZEITSZEIT
Hochzeiten unter Hochdruck: Der Ramadan bringt Kosovos Heiratswillige in Zeitnot

Der saisonale Drang zum gemeinsamen Lebensglück verhilft auch Kosovos sonst so schmucklosen Herbergen zum sommerlichen Festtagsglanz. Weiße Girlanden und Blumengestecke zieren Wände und Tische des im Neonlicht gleißenden Festsaals im „Motel Navron" an der Ausfallstraße von Prizren. Routiniert belegen emsige Hände unzählige Vorspeiseteller. Launig entlockt der Pianist seinem elektronischen Instrument einige schräge Akkorde zur Probe.

Bei der Frage, warum Heiratswillige denn ausgerechnet an einem Montag den Bund der Ehe suchen, blickt der Rezeptionist des eher tristen Hochzeitstempels mich mit geröteten Augen entgeistert an: „Montag, Dienstag oder Mittwoch: Wir haben nun Hochsaison! Jede Nacht werden hier Hochzeiten gefeiert."

Die sommerliche Ferienzeit ist für Kosovos heimkehrende Gastarbeiter Hochzeitszeit. Nicht nur die niedrigeren Kosten fürs große Fest lässt Junggesellen lieber in der Heimat als im teuren Westeuropa zum Standesamt schreiten. Es ist der große Verwandtschafts- und Freundeskreis, der die in den Ehebund drängenden Söhne und Töchter des jungen Staates bei ihren Hochzeiten in riesigen Sälen eher klotzen als kleckern lässt. Hochzeitsfeiern mit mehreren hundert Gästen seien keine Ausnahme, berichtet mir in Prizren der Lokaljournalist Reski: 10000 Euro habe seine Nichte bei ihrer Hochzeit im letzten Jahr verjubelt.

Doch nicht nur für das Brautpaar bedeutet der schönste Tag des Lebens frühen finanziellen Ehestress. Die Vielzahl der Einladungen fordert auch von den Gästen einen stattlichen Geschenkobulus. Allein in der letzten Woche habe er auf zwei Hochzeitsfeiern getanzt, berichtet Idro aus Peja (Peć): „Mein Hochzeitsbedarf ist für diesen Sommer gedeckt."

Der große Andrang der heiratswilligen Heimkehrer macht die Ressourcen knapp. Frühzeitig gilt es für Hochzeiten Köche, Kapellen, Geistliche und vor allem einen ausreichend großen Festsaal zu buchen. Für zusätzlichen Reservierungsstress sorgt seit letztem Jahr der islamische Ramadan. Alljährlich rückt der für Feiern ungeeignete Fastenmonat 15 Tage nach vorne – und blockiert derzeit die Hälfte der Hochzeitsaison. In seinem Dorf seien alle Hochzeitstermine fürs nächste Jahr bereits ausgebucht, erzählt Reski: Selbst im übernächsten Jahr seien auf den ausgehängten Hochzeitslisten im Dorf nur noch wenige Termine frei.

Mitternacht ist längst vorbei. Und noch immer ringeln sich im Motel Navron die Damen in den glänzenden Festtagsroben mit erhobenen Händen unermüdlich im Reigentanz. Das Ende der schlaflosen Nächte sei bald vorbei, versichert müde der Rezeptionist auf dem Kunstledersofa der Lobby: Im August beginne der Ramadan – und ende die Hochzeitsaison

Spätestens ab 2015 dürfte auch den ermatteten Feierprofis in der Partyhöhle des Navron endlich etwas Entlastung an der Hochzeitsfront winken. Dann ist der Ramadan in den Juni gewandert – und können Kosovos heiratswillige Heimaturlauber im Sommer endlich wieder ohne Termin- und Reservierungsstress Hochzeitspläne schmieden.

(Prizren Juli 2011)

HAUS OHNE HÜTEREI
Kein Sex, Fleisch und Milch: An Ostern endet Serbiens entbehrungsreiche Fastenzeit

Zwei grußlos an mir vorbei rauschende Schwarzkittel im Treppenhaus meines Büros gemahnten mich schon vor einigen Wochen an die nahenden Festtagsfreuden. „Ist etwas passiert?", fragte ich besorgt den etwas verlegen dreinblickenden Nachbarn Dušan. Nein, die Popen hätten nur das Wasser der Wohnung gesegnet, antwortete an seiner Stelle seine glücklich lächelnde Ehefrau Đina: „Wir haben doch bald Ostern!"

Das wichtigste Kirchenfest im Leben eines orthodoxen Christen gestaltet sich im traditionsbewussten, aber eigentlich keineswegs sonderlich religiösen Serbien als eher langer Marathon. Wie Ostern erlebt und gefeiert werde, hänge von der eigenen Verbundenheit mit der Kirche ab, so Đina: „Die Gläubigen feiern, weil an Ostern der Tod überwunden wird. Die anderen freuen sich über die freien Tage mit der Familie, ein gutes Essen – und den Beginn des Frühlings."

Die ausgebeinten Osterlämmer auf dem Markt und die lange Schlange vor dem Spanferkelgrill kündigten erst an diesem Wochenende den Beginn der ausgelassen zelebrierten Feiertage an. Den Eigenheiten der Julianischen Zeitrechnung haben die Ost-Kirchen ihren eigenen Ostertermin zu verdanken, der nur selten mit dem westeuropäischen Ostern zusammenfällt.

In mitteleuropäischen Breiten werden die ersten Schokohasen wieder eingeschmolzen. In Südost- und Osteuropa schwelgen nicht nur die Gläubigen erst in diesen Tagen in der großen Eierorgie – und kalorienreichen Festgelagen: Denn mit Ostern endet für praktizierende orthodoxe Christen die entbehrungsreiche Fastenzeit.

Meine mit Käse überbackene Tomatenschnittchen musste Tante Lidija kürzlich bei ihrem Besuch genauso wie das Aprikoseneis zu ihrem Bedauern leider zurückweisen: „Ich bin doch am Fasten."

Im Vergleich zum 40tägigen Fasten vor Weihnachten sei das gar 46 Tage währende Osterfasten „wesentlich strenger", klärte mich später Nachbarin Đina auf. Schon zum Auftakt darben die Gläubigen einen Tag nur bei Wasser – und ohne Brot. Vermehrte Kirchgänge werden in den nächsten Wochen mit einem radikal zusammen gestrichenen Speisezettel garniert.

Fleisch und Alkohol sind genauso tabu wie Milchprodukte und eierhaltiges Gebäck. Nur an zwei der 46 Fastentage lockert Fisch den eintönigen Speiseplan auf. Die Essenzubereitung mit Öl ist in nur am Wochenende erlaubt und in der in der letzten Fastenwoche wird die Öl-Flasche gar gänzlich vom Küchentisch verbannt. Wirtshäuser buhlen vor Ostern um die Gunst der gläubigen Kunden mit speziellen Fasten-Speisekarten. Bäckereien und Supermärkte bieten ihnen fastengerechte Backwaren und Lebensmittel.

Doch nicht nur beim Essen müssen die Gläubigen den fleischlichen Genüssen entsagen. In der Zeit der physischen und geistigen Läuterung sollen Flüche und Streitigkeiten vermieden – und auf Sex verzichtet werden. Die Fastenzeit diene dazu, sich der eigenen Schwächen bewusst zu werden – und ihnen zu widerstehen, erläutert Đina: „Man lebt bewusster als sonst."

Die oft noch auf heidnischen Frühjahrsriten zurückführenden Vor-Ostern-Traditionen variieren in der orthodoxen Welt von Land zu Land – und manchmal selbst von Dorf zu Dorf. Spätestens an Palmsonntag beginnt indes der fröhlichere Teil des Osterfests. Die in der Kirche geweihten Weidenzweige, die sich die Kinder gerne um die Köpfe winden, symbolisieren die Palm- und Olivenwedel, mit denen Jesus beim Einzug in Jerusalem begrüßt wurde. Die kleinen Glöckchen um ihren Hals künden von dessen Ankunft.

Das große Eierfärben beginnt in den meisten orthodoxen Ländern am Gründonnerstag, in Serbien indes am Karfreitag. Ob kunstvoll mit Wachsbatik verziert, mit Zwiebelschalen oder gekauften Eierfarben gefärbt: Viele Familien decken sich an Ostern mit einem ganzen Jahresbedarf an Eiern ein.

In Serbien erhält das erste, oft rot gefärbte Ei einen Ehrenplatz: Bis zu seiner Ablösung am Karfreitag des nächsten Jahres wird das „Hüter-Ei" über das Wohl des Hauses wachen. Meine Frage, ob der eigenwillige Haus-Wächter nach einer gewissen Zeit nicht den Geruch rottenden Eier verbreite, verneint Đina entschieden: Das Ei trockne bei intakter Schale einfach von innen aus.

Trotz ihrer Versicherung hat unser ikonenfreier Haushalt auf das Hüter-Ei aber auch in diesem Jahr verzichtet. Von den Gläubigen wird zumindest ein Teil der gefärbten Eierpracht zur Mitternachtsmesse getragen, die in der Nacht zum Sonntag den Beginn des eigentlichen Osterfests einläutet. Eier werden an den Feiertagen in die Kirche gebracht, verschenkt – und mitgenommen. An Ostern steigt dann auch das vor allem bei Kindern populäre Eierklacken. Denn Ostereier werden in der orthodoxen Welt nicht versteckt und gesucht, sondern im munteren Wettbewerb geschlagen: Wessen Eischale bricht, hat es verloren.

Zwei Tage frönen nach der langen Fastenzeit nicht nur gläubige Serben im Kreis ihrer Familie ausgiebigen Ostern-Gelagen. Man lädt sich ein – und wird geladen.

Genussvoll werden dabei nicht nur Käse-Gerichte und die geliebten Ćevapčići-Berge vertilgt – und mit dem lange versagten Alkohol herunter gespült. Unzählige Osterlämmer müssen über die Klinge springen – um für das große Fest standesgerecht ihr junges Leben, weiches Fell - und schmackhaftes Fleisch zu lassen.

(Belgrad, Ostern 2012)

SERBIENS WICHTIGSTER FAMILIENTAG
Bei der „Slava" feiern serbische Familien ihren Hauspatron – und sich selbst

Die langen Schlangen vor den Spanferkelgrillbuden am Belgrader Kalenić-Markt kündigen mal wieder nahende Feiern für einen populären Schutzpatron an. Die Frage, für welchen Heiligen Serbiens Rüsseltüre dieses Mal ihr Leben lassen müssen, beantwortet zuhause unsere Babysitterin Slavica mit der Bitte um ihren freien „Slava"-Tag zu Ehren von „Sveti Jovan", dem heiligen Johannes: Die „Slava", das Fest zu Ehren ihres Familienheiligen, ist für die Serben der wichtigste und persönlichste Feiertag des Jahres.

Der Schutzpatron der Familie wird über die männliche Linie von den Vorfahren geerbt. Laut der Website der serbisch-orthodoxen Kirche erinnert die Feier ihm zu Ehren an den Tag, an dem der jeweilige Clan zum Christentum konvertierte. Ethnologen wittern hinter der Tradition eher das Erbe heidnischer Gebräuche: Die bei der Slava gefeierten Heiligen hätten nach der Christianisierung die früheren Familiengötter ersetzt.

Wie dem auch sei, das Feiern wurde auch von Serbiens Vorvätern jahresgerecht und praktisch terminiert. Zu sommerlichen Erntezeit geht kaum eine Slava über die Bühne: Meist wird den Familienheiligen im Herbst und im Winter gehuldigt.

Ob Sveti Nikola, Sveti Georgije oder „Aranđelovdan" - der Tag des Erzengels Michael – jede Familie hat das Recht auf einen arbeitsfreien Festtag. Serbiens beweglicher Feiertag stellt nicht nur die Planungen der Personalchefs, sondern auch die Kochkünste der Gastgeber auf die Probe. „Morgen ist Slava – und ich habe noch so viel vorzubereiten", stöhnt im Lebensmittelladen in unserer Straße die gestresste Verkäuferin.

Als „jährliche Erneuerung der Familienbande zum orthodoxen Glauben", würdigt die Kirche die „exklusiv serbische Tradition": „Wo Serben sind, ist die Slava." Feiernde müssten sich allerdings genau an die Regeln halten, sonst werde die Feier ein „ganz gewöhnliches Fest", mahnen streng die Kircheninstruktoren. Doch egal ob ritusfeste Gläubige oder feierfreudige Familientiere: Strikt nach Kirchendrehbuch gefeierte Slava-Feiern gehen in Serbien genauso durch den Magen wie angepasste oder abgeänderte Versionen.

Am Morgen des Hauspatronsfestes entzündet der traditionsbewusste Hausherr vor der Ikone des Familienheiligen eine große Kerze, die den ganzen Tag brennen sollte. Ob gläubig oder ungläubig: Selbst bei weltlichen Slava-Feiern darf „žito" nicht fehlen: Die nahrhaft süße Paste aus gekochten Weizen, Nüssen, Muskatnuss und Zucker verbindet als Symbol des Ewigen Lebens die lebenden mit den verstorbenen Familienmit-gliedern. Gläubige lassen das mit dem orthodoxen Kreuz versehene Slava-Brot und den Wein in der Kirche oder zuhause vom Popen segnen.

Am frühen Nachmittag trudeln dann die Gäste zum geselligen Teil des Familienfests ein. Ob sich das mit köstlichen Salaten bestückte Festbankett unter der Last von Fleisch- oder Fischplatten biegt, hängt auch von der Jahreszeit ab. Fällt die Slava in die orthodoxen Fastenzeiten vor Weihnachten und Ostern, sind die fleischlichen Gelüste zu zähmen. Ein Trost: Wein oder härtere Spirituosen zieren immer den Festtagstisch. Denn bei der Slava feiern Serbiens Familien nicht nur ausgiebig den Hauspatron – sondern auch sich selbst.

Doch nicht nur für die Gastgeber, sondern auch für die Gäste bedeutet die Hauspatronsfeier vor allem an sehr populären Slava-Tagen auch lieb gewonnenen Feststress: Manche müssen oder dürfen an einem Tag gleich bei mehreren Slava-Feiern zumindest symbolisch mittafeln. Die Gastgeber sind bei gleichzeitigen Slava von Brüdern und Verwandten hingegen von allen Besucherpflichten befreit: Selbst feierfreudige Serben müssen am Tag „ihres" Schutzpatrons das Slava-Brot nur einmal brechen.

(Belgrad, Januar 2015)

7. JAHRESZEITEN

Im Balkanreich der Kontraste ist es selbst im heimischen Palast entweder zu heiß oder zu kalt: Der schnelle Ansturm des Sommers geht auf Kosten des kaum wahrnehmbaren Frühlings. Der Herbst hingegen präsentiert sich als verlängerter, angenehmer Spätsommer.

SERBISCHE FENSTERHEIZUNGEN
Die Tücken der Fernwärme: In Belgrad wird entweder gefröstelt - oder geschwitzt

Draußen senkt sich die Belgrader Nacht über den Innenhof. Drinnen sind die Kinder endlich im Bett, perlt der Wein ins Feierabendglas – und ereilt die Erziehungsberechtigten ab 22.00 Uhr der sozialistisch anmutende Kälteschlag. „Mich friert", klagt die Lebens- und Wohnpartnerin Lada – und hüllt sich als bekennende Frostbeule bibbernd in die Sofadecke.

Nur wenn im Winter die Temperaturen unter den Gefrierpunkt sacken, blubbert die Fernwärme die ganze Nacht in Serbiens Wohn- und Schlafstuben. Ansonsten wird vor allem im frühen Frühjahr und Spätherbst vor eiskalten oder glutheißen Radiatoren entweder gefröstelt - oder kräftig ge- schwitzt: Denn irgendeinen Einfluss auf den ins Haus strömenden Fernwärmesegen und die Höhe der Heizrechnungen bleibt dessen Empfängern verwehrt.

Zu Zeiten des sozialistischen Jugoslawiens waren es zunächst die neu errichten Wohnblocks der Belgrader Satellitensiedlungen, die in den 60er Jahren an eigens errichtete Fernwärme-Kraftwerke angeschlossen werden: Bis heute werde diese mit Gas oder dem Erdöl-Abfallprodukt Masut befeuert. Vor einigen Jahren wurden auch die meisten Hütten und Paläste der älteren Viertel mit den insgesamt 1400 Kilometer langen Fernwärmerohren vernetzt. Der Rest hat mit kräftig qualmender Braunkohle oder Strom zu heizen – aber bleibt immerhin Herr der eigenen Heizung – und des häuslichen Energieverbrauchs.

Die Fernwärmenutzer müssen sich hingegen nicht nur wegen des frühen Zapfenstreichs um zehn als fremdbestimmte Marionetten der Heizwerke wähnen. Als ginge es noch immer für alle zur Frühschicht in die Fabrik, bullert das erhitzte Heizwasser dafür morgens schon ab halb sechs durch die nachtklammen Heizkörper. Außer beim völligen Abdrehen scheinen deren nutzlose Regulatoren so gut wie nichts zu regulieren.

Erfahrene Belgrader heizen darum mit dem Fenster: Ist es in der Wohnstube zu warm, wird die aufgestaute Zimmerhitze eben schnell durchs geöffnete Fenster „entsorgt". Die sinnlos verpuffte Energie scheint niemand zu stören: Denn abgerechnet wird nach Quadratmeterzahl der Wohnung, nicht nach Verbrauch.

Das ganze Jahr – auch im Sommer – sind die Heizkosten nach der Wohnungsgröße zu entrichten. Zwar kündigen die Heizwerke regelmäßig die „baldige" Umstellung auf eine verbauchsorientierte Heizkostenabrechnung an. Doch nicht nur das dafür notwendige Installieren funktionsfähiger Regulatoren und individueller Zähler scheint das hehre Vorhaben zu hemmen.

Die staatlichen Fernwärmewerke hätten an einer transparenten Abrechnung der Kosten gar kein Interesse, mutmaßt wohl nicht ganz zu Unrecht mein Bürovermieter Dušan: „So können die Direktoren ungestört ihre Nebengeschäftchen machen. Denn ob strenger oder milder Winter: Bei pauschaler Abrechnung kann niemand richtig nachhalten, wie viel Fernwärme eigentlich produziert - und bezahlt wurde."

„Warmen Morgen Belgrad!", lautet der Werbeggruß der Belgrader Heizwerke. Tatsächlich lässt sich mit dem allseits willkommenen Bakschisch wenigstens der Wasserdruck der hauseigenen Fernwärmezuleitung erhöhen. Die vergleichsweise wohlige Wärme in unserer Hütte hätten wir dem Trinkgeldobolus des Zahnarztes im ersten Stock für die Fernwärmetechniker zu verdanken, klärte mich kürzlich meine Hausgenossin auf. Vielleicht ist mir darum unsere Wohnstube oft zu warm. Doch was soll's. Kalt-heiße Wechselbäder sollen ja gesund sein. Zu Heizzeiten schwitze ich mich eben im T-Shirt durch den zum Glück ohnehin eher kurzen Winter.

(Belgrad, Februar 2015)

STURM UND SMOG
In den Balkan-Großstädten fällt im Winter das Atmen schwer

Hausherrin Lada wusste Bescheid. Der Sturm, der kürzlich die Fensterläden klappern und uns selbst in der beheizten Wohnhöhle frösteln ließ, werde einen, drei oder fünf Tage lang andauern, so ihre felsenfeste Prognose: „Der Košava weht immer ungerade Tage."

Wehen ist eigentlich das falsche Wort für das Wüten von Serbiens gefürchtetem Winterwind. Aus dem rumänischen Karpatenbecken wirbelt der Košava (sprich: Koschawa) über den Donau- Durchbruch am Eisernen Tor über Belgrad, die Weiten der Vojvodina bis nach Ungarn.

Pflegt man in deutschsprachigen Breiten den Wind als um die Häuser schleichenden Räubermann zu besingen, tritt der Košava eher wie ein herrischer Feldwebel auf. Keineswegs schlängelt er sich durch Schlüssellöcher. Fordernd rüttelt er an Dachgiebeln und Straßenlaternen, drückt mit kalter Macht durch dünne Wände und ächzende Fensterrahmen.

Alle Schlafplätze verlagerten wir zeitweise in den Teil der Wohnung mit den dickeren Wänden. Über die Fernsehschirme flimmerten die Bilder schneeverwehter Züge und Auto-Kolonnen. Panzer mutierten zu Schneepflugscharen, während orkanumtoste Würdenträger die Nation zum Verbleib in den Häusern mahnten. Per Telefon meldete sich warnend meine Lungen-Ärztin Marijana. Selbst Asthma-krank und Raucherin waren der Erfahrungsexpertin die Tücken des kaltfeuchten Košava für einen angeschlagenen Blasebalg wohl bewusst. „Bleib ja zuhause", so ihre strenge Botschaft: „Dies ist kein Wetter für Spaziergänge."

An unberührten Naturschönheiten kennt die Vielvölkerregion des Balkans keinen Mangel. Aber dennoch fällt das Atmen in den Großstädten Südosteuropas dank völlig veralteter Braunkohlekraftwerke vor allem im Winter erstaunlich schwer. Wenn sich tagelang der Nebel oder dichte Wolkendecken über für ihre schlechte Luft besonders gefürchtete Metropolen wie Belgrad, Skopje oder gar über die Kesselstadt Sarajevo senken, schnellt der Feinstaub- und Rußgehalt der schweren Luft rasch um ein Mehrfaches über alle Grenzwerte hinaus: Regelmäßig verbannt dicker Smog Kleinkinder, Ältere und chronisch Kranke im Winter in ungewollten Hausarrest.

„Ah, bei Euch riecht's ja wie früher im Ostblock", reagieren Gäste aus dem Ausland mit erstauntem Wiedererkennen auf das Belgrader Flair. Selbst nehme ich nach Jahren in der angegrauten „Weißen Stadt" den etwas metallischen Beigeschmack der Belgrader Lüfte nur noch an besonders schlechten Smog-Tagen wahr.

Zwar haben die größten Industriedrecksschleudern aus sozialistischen Zeiten in der Region ihren Betrieb längst eingestellt. Doch es ist der Transport- und Energiesektor, der nicht nur an stickigen Sommertagen, sondern auch im Winter den geplagten Stadtbewohnern die Luft zum Atmen nimmt. 550 000 Kraftfahrzeuge weisen die Statistiken für die Zweimillionen-Stadt Belgrad aus: Relativ viele sind leider schadstoffreiche Altvehikel. Die im Winter auf vollen Touren drehenden Fernwärmewerke werden auch mit Öl, Kohle oder – noch schlimmer – dem Erdöl-Abfallprodukt Masut betrieben. Zu allem Übel reichern auch die Schornsteine auf den Dächern die trübe Winterluft mit rußigen Rauchschwaden an: Vor allem in den älteren Stadtvierteln pflegen noch immer Haushalte mit billiger Braunkohle selbst zu heizen.

Das Haus-Orakel sollte Recht behalten. Genau fünf Tage lang peitschte der seit fünf Jahrzehnten heftigste Košava-Orkan durch die entvölkerten Straßenschluchten. Erst danach vermochte meine angeschlagene Lunge wieder befreit aufzuatmen. Der Košava-Wind reiße den Winterhimmel auf und tausche die Luftmassen aus, erklärte die heimische Windexpertin dem erleichterten Rekonvaleszenten die plötzlich glasklare Winterluft. Hinter (fast) jedem Wetter-Ungemach verbirgt sich eben doch etwas Gutes - selbst in Belgrad.

(Belgrad, Februar 2014)

TRÖPFELNDER HITZEREGEN
In Südeuropa sind Klimaanlagen ein kühlender Segen – und tröpfelnde Plage

Wenn die Sommerhitze sengt, rinnt nicht nur der Schweiß. Je höher in den Großstädten auf dem Balkan die Temperaturen klettern, desto zahlreicher machen sich an Häuserwänden und auf Gehwegen feuchte Flecken und Pfützen breit.

Die Erklärung für das merkwürdige Phänomen des Hitzeregens, der arglosen Passanten auf die Scheitel plätschert, offenbart sich selbst unbedarften Wetterlaien mit einem Blick nach oben: Aus weißen Kästen tröpfelt ein wässriges Rinnsal schwach aber stetig auf Köpfe und Kragen.

Moderne Büro- und Bettenburgen verfügen über ausgeklügelte zentrale Klima-Anlagen, die von außen nur selten sichtbar sind. Ältere Gemäuer pflegen deren hitzegeplagte Bewohner indes meist mit dezentralen Raum-Kühlern nachzurüsten. Vor den Fenstern hängt ein mächtiger Gebläsekasten, im Zimmer ein dezenter Kühlerspender: Die von einem Rotor angesaugte Außenluft wird im „Verflüssiger" zu Wasser gekühlt – und mit Hilfe des „Verdampfers" als wohltuende Kaltluftwelle im Innern des Raumes verströmt.

Das Kühlkondensat muss indes draußen bleiben. Selten wird das Restwasser über Rinnen abgeführt. Meist rinnt es als keineswegs erfrischender Sommerguss die Fassaden herab. Nicht nur die schmucklosen Fassadenkästen der Klimaanlagen sind den Bürgervätern ein Dorn im Auge. Um die wässrige Verunzierung von Trottoirs und Plätzen sowie die ungewollte Berieselung von Passanten einzudämmen, erließen die Belgrader Stadtväter im letzten Herbst eine neue Klimaanlagenverordnung. Nur noch über Dachrinnen oder direkt an der Mauer soll das Kondensatwasser abgeführt werden.

Doch im sommerlichen Alltag erweisen sich die herbstlichen Verordnungen als wenig hitzetauglich. In der Donau-Metropole rinnt und tropft es so kräftig wie zuvor. In der ganzen Stadt „begieße" das Kondenswasser unverändert die Gehwege, klagt das Boulevard-Blatt „Press". Selbst historische Baumonumente seien von den Klimaanlageninstallationen „durchlöchert wie Schweizer Käse": „Man kann nicht mal einen normalen Spaziergang durch das Zentrum machen, ohne nasse Haare zu bekommen."

Auf den wichtigsten Boulevards und Straßen kontrollieren inzwischen zwar städtische Inspektoren den korrekten Kondenswasser-Abfluss. Doch obwohl die Lokalpresse über Strafen von mindestens 30 Euro für Wiederholungstäter spricht, hat sich am Anblick des fleckig feuchten Asphalts in der Stadt nichts geändert.

Sind die Dachrinnen von einer Wohnung relativ weit entfernt, vermag der Installateur die montierten Kaltluftspender ohnehin kaum mit ihnen zu verbinden. Sind die Abflussschläuche zu lang, ärgern sich Fußgänger über die ungewollte Berieselung. Sind sie zu kurz, tropft der Segen den genervten Nachbarn der unteren Stockwerke lautstark auf oft metallverkleidete Fensterbänke.

Manche Belgrader sind indes weniger über die Tropf-Belästigung als über den Imageverlust ihrer Stadt durch die Kondenswasser-Pfützen besorgt. „Solche Dinge" würden sich in einer Stadt, die von so vielen Ausländern besucht werde, „einfach nicht schicken", klagt in der Lokalpresse ein besorgter Student namens Dragan: „Was sollen die Leute von uns denken?"

(Belgrad, Juni 2007. Inzwischen wird bei merklich mehr Klima-Anlagen das Wasser per Schlauch abgeführt. Aber noch immer kann es im Sommer feucht von den Fassaden in den Kragen rieseln)

SOMMERLICHER MELONENKLANG
Wassergemüse als Hitzehelfer: Kein Balkansommer ohne die tägliche Wassermelone

Brühwarm träufelt das Abwasser der Klimaanlagen in die Kragen der Passanten, die matt durch Belgrads aufgeheizte Asphaltschluchten schleichen. Der Tag beginnt, doch die sengende Sonne hat ihre Hitzeopfer schon am frühen Vormittag geschafft. Der Kopf schmerze, die Hitze drücke – und nachts erschwere nicht nur der aufgeheizte Beton ihrer Behausung den Schlaf, klagt meine Bekannte Marija: Der stete Wasserkonsum drücke auf die Blase - und lasse eine geruhsame Nachtruhe erst gar nicht aufkommen.

Die Touristen an den Küsten der aufgeheizten Balkan-Halbinsel mögen die Sommerhitze schätzen. Für die gemeinen Bewohner der Balkanstädte, die sich nicht für zwei Monate aufs Land oder ans Meer flüchten können, sind der Juli und August eine Leidenszeit der schwülen Qual. Täglich werden in Serbiens Gazetten die Berichte der Krematorien über die neueste Zahl der Hitzetoten vermeldet. Und selbst meinen schuppigen Bürogesellen bietet ihr vertrautes Nass keine Kühlung mehr: Zwei Fische und ein Frosch hauchten in der letzten Hitzewoche vergeblich um Erfrischung japsend ihr brühwarmes Aquariumsleben aus.

Doch zumindest für erfahrene Zweibeiner ist die Hoffnung im sommerlichen Überlebenskampf der dampfenden Donau-Metropole grün – und kommt vom nahen Land. Ab Ende Juni stapeln die Bauern aus dem Umland auf den Belgrader Märkten und an den Ausfallstraßen der Vorstädte ihre wuchtige Ware auf.

Mit EU-genormtem Wassergemüse oder als japanische Würfel gezüchtete Melonenquader haben Serbiens gestreifte Sommerfrischen nur wenig gemein: Berge von Wassermelonen in unterschiedlicher Form und Größe harren stoisch auf durstige Abnehmer.

Einen Wassergehalt von über 95 Prozent hat die Gemüsefrucht, die zur Gattung der Gurkengewächse zählt. Süß und nicht wässrig muss ihr rotes Fruchtfleisch schmecken, das gleichzeitig fest und auf keinen Fall rottend-bröselig sein sollte. Ihre „Lubenice" seien „extra klasse" und „süß wie Honig", versichern deren Erzeuger einstimmig im Melonenbauernchor.

Die Schale verrät Laien leider nur wenig über die Qualität des Inhalts. Erfahrene Familienväter, die die schwere Marktbeute meist zu erstehen und in die heimischen Kühlschränke zu befördern haben, verfügen darum über ein Arsenal ausgefeilter Techniken, um sich den schmackhaftesten Durstlöscher aus der angebotenen Pracht herauszufischen.

Vor dem Kauf werden die Melonen von ihren Liebhabern nicht nur sorgfältig beäugt. Die Ohren eng an die Melone gedrückt versuchen die auf die Schale klopfenden Käufer deren Wesen zu ergründen. Die Melone müsse voll „wie eine Glocke klingen" und dürfe keinen hohlen Klang haben, erklärt mir Schwiegervater Momčilo. In meinen ungeübten Ohren klingen alle Melonen jedoch gleich. Hilfreicher scheint mir darum der Ratschlag meines Kumpels Strahinja: „Schau auf den Stengel. Ist der vertrocknet, ist die Melone zu alt."

Mit Blick auf das Gewicht der Einkaufstasche und das begrenzte Volumen des Kühlschranks pflege ich „kleinere" Melonen von vier bis fünf Kilogramm zu erwerben. Westeuropäische Transport- und Lagerlogistik als Kriterium für den Kaufentscheid erklärt Melonen-Kenner Momčilo mit leichtem Tadel für einen Fehler: „Große Lubinice schmecken einfach besser als kleine."

(Belgrad, Juli 2011. Wegen der anhaltenden Krise werden Melonen inzwischen vor dem Verkauf vermehrt aufgeschnitten und in Teilen verkauft – was die Auswahl merklich erleichtert.)

STADT DER WEISSEN TOBLERONEHÜGEL
Hooligans als Frost-Helfer: Das Belgrader Leben mit der Kältewelle

Der weiße Segen blendet den Blick. Schon fast einen Monat wird das sonst so graue Belgrad seinem Namen der „weißen Stadt" gerecht. Der Schnee ziert die Zinnen der Kalemegdan-Festung, krönt Denkmalhäupter und Kirchturmkuppeln – und macht sich selbst selbstbewusst in unserer Duschkabine breit: Weil wir das von der Terrasse gekratzte Eiskristall kaum den Nachbarn unter uns auf ihre Balkone schaufeln können, taut die feuchte Winterkast eben durch den Badezimmerabfluss ab.

Ein Rohrbruch und ein leckendes Dach läuteten vor knapp drei Wochen im Belgrader Korrespondentenpalast die harte Phase der Kältewelle ein. Doch der meterdicke Schnee lastet nicht nur auf ächzenden Dächern, sondern drückt den sonst so sonnenverwöhnten Belgradern auch zunehmend aufs Gemüt. „Der sibirische Winter terrorisiert Serbien", empört sich entnervt das Boulevard-Blatt „Press" über den „Schnee, der einen verrückt machen kann": „Das Weiß ruft nur am Anfang romantische Reaktionen hervor. Danach schlägt es auf die Stimmung – und macht nervös und aggressiv."

Auf mich wirkt der sonst so hektische Verkehrsmoloch Belgrad eingeschneit wesentlich friedlicher als sonst. Viel weniger Blechkarossen rutschen über den vereisten Asphalt. Viele Belgrader haben das Freischaufeln ihrer unter den weißen Toblerone-Hügeln am Straßenrand verschwundenen Vehikel längst aufgegeben: Auch von meinem Gefährt sind nur noch die Spitzen der Seitenspiegel zu sehen.

Der nahe Markt ist völlig verwaist. Die sonst in Windeseile verscherbelten Brotlaibe liegen in meinem Lebensmittelladen auch noch abends im Regal. „Die Leute gehen nicht raus – und kaufen nichts", brummt der stoppelbärtige Verkäufer, während er missmutig durch das beschlagene Schaufenster auf die eher leere Straße äugt. Handgemalte Warnschilder und mit Schnüren abgesperrte Gehwege lassen den besorgten Blick der spärlichen Passanten indes weniger über den glitschigen Asphalt als in die Höhe schweifen. Wie Damokles-Schwerter hängen mächtige Eiszapfen von den Dachtraufen: Eine unglückliche Belgraderin wurde bereits von einem vier Kilo schweren Eis-Stalaktit erschlagen.

Hoffentlich schalten sie uns nicht auch noch den Strom ab!", klagt vor meiner Haustür eine kräftige Dame in dickem Pelz ihrer nicht minder fülligen Gesprächspartnerin. Zwar mehren sich aus der Provinz die Katastrophenberichte und ist der Strom für Unternehmen bereits rationiert. Doch wohl auch dank der nahenden Parlaments- und Lokalwahlen blubbert in Serbiens Hauptstadt die Fernwärme noch immer ungewöhnlich großzügig 24 Stunden lang in die aufgeheizten Wohnstuben. „Lieber eine Kältewelle vor als nach den Wahlen", kommentiert Freund Strahinja kühl das erstaunliche effiziente Krisen-Management der um ihre Wiederwahl kämpfenden Bürgerväter.

Tatsächlich heuerte die Stadt vor zwei Wochen in Handumdrehen 2000 Arbeitslose für ein für serbische Verhältnissse relativ anständiges Tagessalär von 15,50 Euro als Notschneeschipper an. Unerlässlich kratzt sich seitdem eine jugendliche Armada in gelben Neonwesten über den kalten Asphalt. Gesichtsmasken und Fußballschals zeugen davon, dass einige der Schipptagelöhner ihre schlag- und stimmkräftigen Fan-Kräfte im schneefreien Leben normalerweise auf den Tribünen der Erzrivalen Partizan und Roter Stern messen. Mit Wohlgefallen lässt eine schmunzelnde Rentnerin an der Trolleybus-Haltestelle ihren Blick über die sich durch die Schnee-Massen schippelnden Kaputzenträger schweifen: „Endlich machen unsere Hooligans mal etwas Sinnvolles!"

(Belgrad, Februar 2012)

8. GEBRANNT, GEGRILLT UND GERÖSTET

Nicht nur die Balkanmärkte sind ein Fest der Sinne. Ob im Wirtshaus oder bei Familienfeiern: Ungern und schwer erheben sich die Gäste von der Tafel.

ALLHEILMITTEL RAKIJA
Obstbrand wird in allen Lebenslagen geschätzt

Auch auf dem Krankenbett lernt der Korrespondent in der Belgrader Fremde nie aus. Mit einem kalten Tuch mühte sich die sorgsame Pflegerin zu nächtlicher Stund` das Fieber aus dem ermatteten Gliedern zu reiben. Und tatsächlich weckte bald ein vertrauter Geruch die Lebensgeister. Ja, das Allheilmittel Rakija senke die Temperaturen, beschied mir die zur kundigen Krankenschwester mutierte Partnerin.

„Kruškovača aus Mitrovica" antwortete sie noch fachkundig auf meine matte Frage, welche Pulle sie zur Wunderheilung aus der Minibar gewählt habe: Den auf meiner Haut sein Aroma verbreitenden Birnenbrand hatte ich einmal in einem serbischen Souvenirladen im Kosovo erstanden, um dem nationalistischen Eigentümer seine Meinung zur Lage in seiner geteilten Heimatstadt Mitrovica zu entlocken.

Ob Pflaumen-, Trauben- oder Quittenschnaps: Von der Krankenpflege bis zur Journalistenrecherche, von Hochzeiten bis zu Beerdigungen wird Rakija (Obstschnaps) auf der Balkanhalbinsel als vielseitig verwendbarer Begleiter in allen Lebenslagen geschätzt. Vor allem auf dem Land werden Gäste gerne mit einem Gläschen oft selbst gebrannten Elixiers begrüßt.

Auf Frischvermählte und Neugeborene wird genauso angestoßen wie auf die Toten: Bei Beerdigungen lässt man einige Tropfen auf den Boden tröpfeln – bevor man sich den Rest des Obstbrands zum Wohl des Verblichenen auf der Zunge zergehen lässt.

40 bis 45 Prozent Alkoholgehalt zählt der im Laden erstandene Gaumenschmeichler. Im eigenen Kupferkessel gebrannt kann Rakija indes auch wesentlich stärker sein. „Und jetzt?", fragte mich eine polnische Freundin, nachdem sie bei einem Besuch der Belgrader Rakija-Bar das erste Glas Kajsijevača (Aprikosenschnaps) in einem Zug herunter gekippt hatte. „Nicht so!", musste ich sie belehren: Im Gegenzug zu osteuropäischem Wodka und Feuerwasser wird Rakija in kleinen Schlucken – und eher langsam genossen.

Wie jeder Alkohol wärmt Rakija die Herzen – und lockert die Zungen. Doch wie in ganz Südeuropa sind ausgiebige Massenbesäufnisse auf dem Balkan traditionell eher unüblich. Ein, zwei Rakija mit einem Glas Wasser sind für Belgrader Kneipenbesucher oft genug – trinkfestere Ausnahmen bestätigen die Regel.

Meist wird der Obstbrand aber als Aperitif merkwürdigerweise vor dem Essen kredenzt. „Rakija öffnet den Magen", so die gängige Begründung der Gastgeber. Doch auf leeren Magen mag der Mitteleuropäer den starken Trunk trotz guten Zuredens kaum zu genießen. Eher dient er mir nach opulentem Gelage als Nachmahlhilfe: Ein kleines Glas Rakija erweist sich oft als letzte Rettung, um die aufgedrängten Fleischmassen irgendwie bewältigen zu können.

(Belgrad, März 2012)

WUNDERSUD AUS DEM KUPPERKESSEL
Feuriger Fischzauber: Die legendäre „riblja corba"

Ob als warmer Seelen- oder Gaumentröster an graukalten Regentagen oder als Belohnung sommerlicher Radausflüge an den Flussgestaden: Hungrige Korrespondentenwege führen in Belgrad oft auf schwankende Bohlen: Dem Lockruf von Serbiens Fischeintropf, der legendären „riblja čorba" vermögen sich selbst eingefleischte Suppenbanausen kaum zu verschließen.

Ein köstlicher Duft durchzieht die kleine, aber blitzsaubere Küche des auf der Donau treibenden Fischrestaurants „Paša". Eine gute „riblja čorba", wörtlich übersetzt Fischsuppe, müsse vor allem aus Fisch bestehen, doziert Koch Marko Madžanović, während er den rotbraun brodelnden Sud auf dem Herd beäugt: „Je weniger Zwiebel und Knoblauch desto stärker ist der Fischgeschmack." Für täglich 20 bis 30 Liter des nahrhaften Elixiers benötige er 20 bis 23 Kilogramm Fisch: „Darum ist die čorba so dickflüssig: Es kommt mehr Fisch als Wasser in den Kessel!"

Ausgerechnet das Fleisch- und Grilleldorado Serbien wartet mit einem der köstlichsten Fischgerichte des Kontinents auf. Das pikante Fischelixier mundest in den Wirtshäusern am Ufer der Donau in Belgrad am besten: Die größte Auswahl von Fischrestaurants findet sich im Norden der Millionenstadt, im behaglichen, einst habsburgischen Vorort Zemun (Semlin).

Auch wenn sich laut serbischer Anglerlegende die schmackhafteste čorba mit selbst gefangenen Fisch, Flusswasser und in einem Kessel über offenen Holzfeuern am Ufer brauen lässt, können sich die Gäste getrost den Suppenkünsten der Belgrader Köche anvertrauen. Zwar landen für den pikanten

Fischsud alle erdenklichen Schuppentiere, aber keineswegs das Wasser aus Donau, Save und Theiß in den köchelnden Töpfen.

„Willst Du mal kosten?", fragt Marko – und reicht dem Gast einen Löffel mit dem köstlichen Wundersud. Für eine gute čorba benötige man „mindestens fünf", aber am besten sechs, sieben oder mehr verschiedene Fischarten, doziert der Küchenchef. Außer Karpfen und Zander landen Barben, Brassen, Giebel, Döbel, aber auch Welse und Störe im Topf.

Keineswegs sollte man den Fischeintopf hingegen mit Mehl oder Kartoffeln anzudicken versuchen, warnt der Küchenmeister. Die Dickflüssigkeit des Eintopfs sei ausschließlich den zuvor passierten Fischen zu verdanken – dem erst am Ende des fast vierstündigen Garens noch etwas Karpfenstücke als zusätzliche Fischeinlage beigefügt würden. Manche Restaurants würden mehr Gemüse verwenden, weil das billiger sei: „Aber das verändert den Geschmack – und ist dann keine echte riblja čorba."

Doch es sind nicht nur die Zwiebel- und Knoblauchbeigaben, sondern vor allem Serbiens grob gemahlene Paprika, die den in kleinen Kupferkesseln servierten Sud die pikante Note verleiht. Jedes Restaurant hat ein eigenes streng gehütetes Rezept.

Geschmack ist Geschmackssache: Aber persönlich schmeckt mir der Fischzauber im Paša am besten. Der Fischeintopf werde bereits seit 27 Jahren nach derselben Rezeptur zubereitet, berichtet deren Schöpfer voller Stolz. Doch trotz der stets gleich Zutaten – Pfeffer, Salz, Paprika und etwas Weißwein – sei der Eintopf nie derselbe. Letztendlich seien es die Fische, die den Geschmack bestimmten - und veränderten: „Mal ist die čorba süßer, mal schärfer:

Jede ist einzigartig, keine wie die andere." Ob im Winter oder Sommer – die čorba sei das ganze Jahr gefragt, besonders während der Fastenzeiten: „Wer Fisch mag, mag riblja čorba."

(Belgrad, Februar 2018)

DAS GEHEIMNIS DER BOSNISCHEN ĆEVAPI
Nirgendwo sind die Balkan-Fleischröllchen so schmackhaft wie in Sarajevo

Unablässige Kommunikation ist wie überall auf dem Balkan auch in Bosniens Hauptstadt Sarajevo gefragt. Doch beim wohlgehüteten Lokalgeheimnis hört die Redseligkeit auf – und mutieren selbst professionelle Schwatzbasen zum einsilbigen Orakel. Was denn das Geheimnis der Ćevapi in Sarajevo sei, hatte ich den freundlichen Kellner in der „Ćevabdžinica Hodžić" am Baščaršija-Platz mit Blick mir auf die mir servierte Fleischpracht gefragt – und eine logische Antwort er- halten: „Das Geheimnis ist das Geheimnis".

Schon Homer und Aristoles sollen die Fleischröllchen „in Form eines Obelisk" besungen haben. Aus dem Persischen oder Aramäischen stammt wohl ihr Name. Für die Verbreitung der nahrhaften Grill-Snacks auf der ganzen Balkanhalbinsel dürften die Osmanen gesorgt haben. Als bosnische „Ćevapi" oder in der serbischen Verkleinerungsform „Ćevapčići" sind sie in allen Ländern des früheren Jugoslawiens populär.

Legendäre Grillmeister wie Dragi Bure aus dem serbischen Leskovac, den der einstige Landesvater Josip Broz Tito selbst per Flugzeug auf seine kroatische Inselresidenz Brijuni einfliegen ließen, konnten mit ihren Delikatessen schon zu sozialistischen Zeiten (fast) Weltgeschichte schreiben: Entzückt soll Englands Queen Elisabeth einst um die Bekanntschaft mit dem Grillkünstler gebeten haben, der ihr einen solch schmackhaften Abend beschert habe.

Die besten Fleischröllchen im zerfallenen Vielvölkerreich beanspruchen neben der serbischen Ćevapčići-Hochburg Leskovac vor allem die bosnischen Grill-Metropolen Sarajevo und Banja Luka. Während in

Serbien und bei den bosnischen Serben oft Schweinefleisch zugemischt wird, ist bei den muslimischen Bosniaken meist sorgfältig ausgewähltes Rind- und Kalbfleisch die Basis aller Gourmetfreuden: Manche Grillkünstler fügen dem Hackfleischsegen auch noch etwas Lammfleisch hinzu.

In der Balkanküche stehen der Grill und das auf ihn zu legende Fleisch zentral. Saucen sind als Geschmacks-Camouflage verpönt, außer Salz, Pfeffer oder Paprika kaum andere Gewürze gefragt: Das Fleisch muss schlicht durch Qualität überzeugen.

Das Geheimnis der bosnischen Ćevapi sei einfach „sehr gutes und sehr frisches Fleisch", sagt denn auch mein in Sarajevo geborener und gezogener Bekannter Mak. Niemand würde im ex-jugoslawischen Ćevapčići- Reich bereits durch den Fleischwolf gedrehtes Fleisch kaufen. Von seinem Vater habe er gelernt, das Fleisch vor dem Faschieren genau zeigen, zum Überprüfen aufschneiden oder minderwertige Teile auch wegschneiden zu lassen, sagt Mak: „Der Metzger klagt immer, dass er nur mit solchen Kunden bald bankrottgehen würde.".

In einem auf dem Fleisch mit gegrillten Fladen und mit frisch gehakten Zwiebeln werden die Ćevapi in Sarajevo serviert. Viel hänge von einem „guten Grill" und fachkundigen Grillmeister ab, sagt Erfahrungsexperte Mak. In jeder Ćevabdžinica schmeckten die Ćevapi darum etwas anders: „Manche mag sie etwas fetter, andere etwas magerer: Jeder in Sarajevo hat seine Lieblings- Ćevabdžinica."

Das richtige Anfächeln der Glut gebe den Ćevapi den leicht rauchigen Geschmack. Wichtig sei vor allem, die Fleischröllchen genau im richtigen Moment vom Grill zu nehmen, so dass sie nicht zu trocken, aber noch saftig seien: „Sekundenbruchteile und kleine Details entscheiden."

Wo gibt es die besten Ćevapčići? Geschmack ist Geschmacksache, natürlich. Persönlich munden sie mir am besten in Sarajevo, in der Ćevabdžinica Ferhatović unweit des Basars. Doch ob Ćevapčići aus Banja Luka, Leskovac oder Sarajevo. Die auch in westeuropäischen Balkan-Chatsites heftig diskutierte Frage nach den besten Fleischröllchen der Region hält ein aus dem serbischen Krupanj stammender Leser für überflüssig, da längst entschieden: Die besten Ćevapi gebe es bei seiner Oma.

(Sarajevo, Mai 2014)

KNUSPRIGES FESTTAGSFERKEL
An den Feiertagen müssen Serbiens Schweine über die Klinge springen

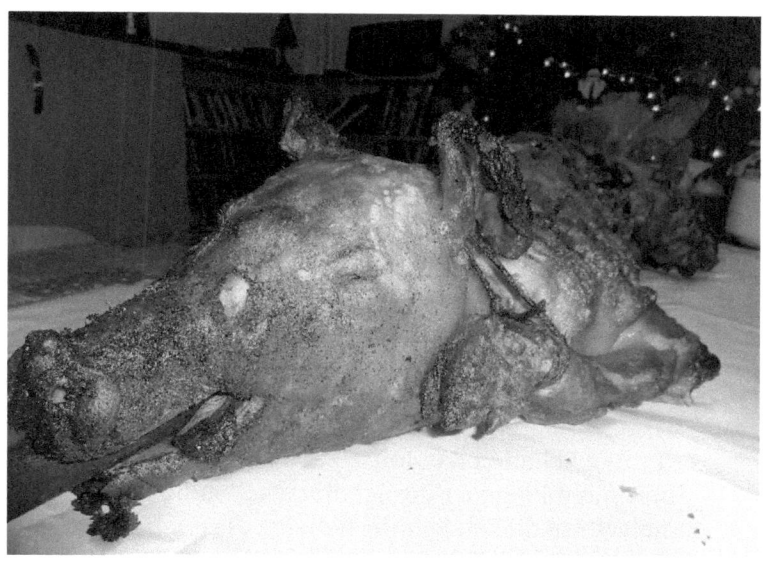

Nur bei schönen Anlässen kommt in Serbien ein knusprig geröstetes Festferkel auf den Tisch. Der von der gestrengen Krankenschwester gewährte Sekundenblick auf die als Mumie gewickelte Neu-Tochter Mila war erhascht. Matt und glücklich hatte die aus dem Operationssaal vorbei rollende Mutter mich im Krankenhausgang kurz gegrüßt. Doch danach führte mich der erste Neu-Vater-Gang von der Geburtsklinik schnurstracks zur „Pečenjara" – dem Schweinegrill am Belgrader Kalenić-Markt.

Der ersten Tochter folgte mein erstes Ferkel. „Herzlichen Glückwunsch" begrüßte Röstmeister Marko den frisch gebackenen Vater, bevor er aus dem Ofen ein ebenso frisch gebackenes Ungetüm für die bevorstehende Geburtsfeier zog: Gut vier Mal so viel wie die gerade geborene Tochter brachte das ihr zu Ehren erworbene Spanferkel auf die Waage.

Ob Geburtstage, Hochzeiten, die Slava-Feiern zu Ehren des jeweiligen Familienheiligen oder das Weihnachtsfest: Wo gefeiert wird, gehört in Serbien die rüsselige Tischzierde vor allem auf dem Land einfach dazu. Zur vorweihnachtlichen Fastenzeit würden in seinem Grill nur zwei bis drei Ferkel pro Tag braun gebacken, die er in der Regel in Teile zerlegt an seine Kundschaft verscherble, erzählte mir der umgängliche Grillmeister Marko. Doch zu Neujahr und vor dem Orthodoxen Weihnachtsfest am 6. Januar könne er sich vor dem Andrang der Liebhaber von krosser Kruste kaum mehr retten: „Dann gehen hier täglich hundert bis zweihundert Ferkel durch den Ofen."

Wer den Schaden hat, muss auch in Serbien über Spott nicht klagen. Kürzlich hörte ich in Belgrad beispielsweise diesen Spanferkelwitz: „Treffen sich zwei Schweine im Stall. Fragt das eine das andere: Glaubst Du an ein Leben nach Weihnachten?" Nein, lautet natürlich die richtige Antwort: Denn vor den Feiertagen müssen Serbiens geplagte Rüsseltiere fast geschlossen über die Klinge springen.

Nein, lautete auch die klare Antwort meines Erstgeborenen, als ich ihn vor der Geburt meiner Tochter fragte, ob er sich denn auf seine Schwester freue. Doch zumindest der knusprige Vorbote seines neuen Bruder-Zeitalters wusste auch Martin zu gefallen. „Ein Schwein, ein Schwein", krähte er begeistert, als ich das kapitale Spanferkel auf den Esszimmertisch wuchtete. Auf die Gäste wollte der fast dreijährige Gourmet denn auch nicht warten: „Ich will das Ohr!", forderte er seinen Anteil an der fetten Obelix-Beute.

Später hatten die Gäste nach guter Serben-Sitte mir erst mein altes Neuvater-Hemd für das Wohl der Neugeborenen und zur Sicherung des eigenen Nachwuchses vom Leib zu fetzen. Danach säbelten sie sich entschlossen durch das sich rasch lichtende Ferkel-Gerippe. Schon bald begannen sich die von Rakija und Bier beflügelten Gespräche weniger um meine Tochter als um den Schweine-Torso in der Wohnstube zu drehen.

„Ah, schön mager", wurde ich bei für meinen keineswegs fachkundigen Beutezug gelobt. Das Viech stamme aus dem ostserbischen Smederevska Palanka, kaschierte ich mit von Grillmeister Marko erhaschten Informationen mein ebenso mageres Spanferkeleissen. Ein Liebhaber der in meinem Gastland sehr populären Fleischorgien bin ich ehrlich gesagt eigentlich nie gewesen. Doch Bier weckt den Appetit. Und weit nach Mitternacht wagte ich schließlich den ersten - und in der Tat sehr schmackhaften Bissen. Krise hin, Krise her: Schwein muss in Serbien sein – auch im nächsten Jahr.

(Belgrad, Dezember 2013)

DIE SÜSSE SEHNSUCHT NACH DER KREMŠNITA
Leicht und kalorienträchtig: Legendäre Schnitte ist das Symbol von Sloweniens beliebtestem See

Die unstillbare Sehnsucht nach der Leichtigkeit der legendären Schnitte hat an Sloweniens feinster Touristenadresse ihren Preis. „10 Euro" fordert der Parkplatzwächter am Ufer des Bleder Sees für die abgestellte Familienkarosse unerbittlich seinen Obolus. Schlappe 16 Euro pro Nase wäre für die Überfahrt mit den Stehrudern der „Plenta"-Nachen zur Marienkirche auf der malerischen See-Insel erforderlich. Doch bevor die Familienferienkasse sich in Windeseile gänzlich leert, steuert die ebenso ortskundige wie hungrige Familienchefin die Terrasse des nahen Parkcafes an.

Ob bei Seebesuchen im Sommer oder Winter: Schon als Kind habe sie sich mit ihrer Großmutter immer an der Bleder „Kremšnita" gelabt, erklärt Lada unsere kalorienträchtige Bestellung. Auch die für exjugoslawische Verhältnisse eher stattlichen Preise der Speisekarte vermögen ihre Vorfreude auf das kulinarische Seesymbol nicht zu trüben. Schon zu jugoslawischen Zeiten habe der Alpensee den Ruf als die feinste Adressen im Vielvölkerstaat genossen: „Wenn wir als Kinder das jugoslawische Monopoly spielten, war Bled immer die teuerste Straße."

Nicht nur im einstigen Königreich, sondern auch im sozialistischen Jugoslawien genossen die Machthaber an den Ufern des See den beeindruckenden Blick auf das blaugrüne Nass zu Füßen von Sloweniens mächtigen Alpenriesen: Die Residenz des früheren Staatenlenkers Josip Broz Tito beherbergt mit der „Vila Bled" noch immer eines der edelsten Nobelhotels des 5100-Seelen-Kurorts.

Titos früherer Vielvölkerstaat ist zwar längst zerfallen. Doch der See und sein sahniges Symbol sind ungebrochen populär geblieben. Die Rekordzahl von mehr als einer Million Übernachtungen vermeldeten die stolzen Bürgerväter im vergangenen Jahr. Und gar mehr als 14 Millionen der legendäre Cremeschnitten wurden seit deren Schöpfung von den ewig hungrigen Gästen im Cafe Park verputzt.

Ein aus der serbischen Vojvodina nach Bled umgezogener Konditor ungarischer Abstammung verhalf dem See 1953 zu seinem schmackhaften Kennzeichen. Von vielen Kollegen kopiert ist Istvan Lukacevic als der Schöpfer der Bleder Erfolgsschnitte in die See-Annalen eingegangen: Er war es, der die auch in Kroatien und Serbien populäre, mit Vanille-Creme gefüllte „Krem Pita" um eine sahneleichte Krönung bereicherte.

Die Speisekarte verrät uns die Rezeptur der einzig wahren „Kremšnita", deren Geheimnis vor allem auf der magischen Sieben zu beruhen scheint. Sieben Mal muss der mit Butter gefertigte Blätterteig vor dem Ausbacken ausgerollt und gefaltet werden. Sieben Minuten muss die Vanille-Creme köcheln, bevor sie mit Eierschnee verfestigt wird. Die abgekühlte Creme wird mit einer Lage Schlagsahne und einer erneuten Blätterteigplatte versehen, bevor der mit Vanillepuderzucker bestreute Kaloriensegen in natürlich sieben mal sieben Zentimeter große Portionen geschnitten wird.

Das Wasser läuft in ungeduldigen Mündern zusammen, während sich die Nachmittagssonne über den nahen Gipfel des „Triglav – Dreikopfs" senkt. Endlich graben sich die Kuchenlöffel durch den knusprigen Teig in die süße Füllung der Schnitten. Puderzucker prangt nicht nur auf Kindernasen, als unsere

Erfahrungsexpertin ihr mit Spannung erwartetes Urteil verkündet. „Die Bleder Kremšnita ist noch immer genauso gut wie früher," sagt Lada – und lacht.

(Bled Mai 2018)

DER NIEDERGANG EINES MAGENFÜLLERS
Das traditionsreiche Osmanengebäck Burek ist auf dem Balkan immer weniger gefragt

Droht das unvorstellbare Ende einer Ära? Noch buhlen die runden Bleche mit der kross gebackenen Blätterteig-Kost in den Schaufenstern der Bäckereien von Skopje bis Belgrad, von Sarajevo bis Podgorica um die Gunst der Kunden. Doch die Blütezeit für den „Burek" scheint zumindest laut den Erhebungen des serbischen Bäckereiverbands vorbei. Allein in Nordserbien sei der Absatz des Burek in den letzten fünf Jahren „mit Sicherheit um 70 Prozent", in einigen Bäckereien gar um 90 Prozent gesunken, berichtete in Serbiens Medien Verbandspräsident Zoran Pralica. Bei der Kundschaft seien „neue Backwaren" gefragt: Gründe für die schrumpfende Nachfrage nach Burek könnten der veränderte Lebensstil und „andere Essgewohnheiten der neuen Generationen" sein.

„Der Burek verliert das Wettrennen gegen die Croissants," lässt die Belgrader Zeitung „Politika" bereits aufgeregt die Alarmglocken schrillen. Tatsächlich könnte der Niedergang des nur scheinbar unverwüstlichen Traditionsgebäck das Ende einer sehr langen kulinarischen Epoche auf dem Balkan einläuten: Schon seit Jahrhunderten pflegen sich vor allem Serben und Bosnier mit dem nahrhaften Teiggericht zu stärken.

Traditionell wird Burek mit Fleisch oder Schafskäse, aber auch mit Pilzen oder selbst süßen Obstfüllungen gebacken. Wer sich als erster auf dem Balkan an dem gefüllten Backwerk labte, ist wie viele lebenswichtigen Fragen im zerfallenen Jugoslawien umstritten. Laut serbischen Quellen soll der Burek erstmals 1498 in Nis urkundlich erwähnt worden sein. In Bosnien geht die Kunde, dass der Balkan-Siegeszug des

Burek während einer der vielen Osmanen-Belagerungen von Sarajevo begann.

Sicher ist auf jeden Fall, dass die Türken das schmackhafte Backwerk auf den Balkan brachten. Im Gegensatz zu Serbien wird in Bosnien und Herzegowina nur die mit Hackfleisch gefüllte Variante als Burek verstanden. Die Füllungen der mit etwas dünneren Teigblättern gebackenen Pita-Rollen ist in allen Ländern des früheren Jugoslawiens ähnlich variantenreich. In den lange von den Habsburger-Dynastie gehaltenen Ländern wie Kroatien oder Slowenien sollte das Osmanen-Gebäck erst nach Ende des Zweiten Weltkriegs einen späten Siegeszug feiern. Als Stadt der besten Burek preist sich bis heute Sarajevo. Doch egal wo der Blätterteigsegen kredenzt wird, ob mit Kartoffel-, Spinat-, Pilz-, Apfel- oder Sauerkirschfüllung, ob als Burek oder Pita: In der Regel wird der kräftigende Snack mit einem Glas Trinkjoghurt hinuntergespült.

Vor allem das ausgeweitete Sortiment der Bäckereien macht deren serbischer Verbandschef für die nachlassende Nachfrage nach Burek verantwortlich: Auch im traditionsbewussten Serbien setzten die Kunden auf Abwechselung und seien in den Bäckereien mehr und mehr Croissants, Brötchen und Blätterteig-Taschen gefragt. Außer dem Trend zur etwas leichteren Kost bei der weiblichen Kundschaft haben möglicherweise jedoch auch finanzielle Gründe den fettigen Burek etwas aus der Publikumsgunst purzeln lassen. Wegen der üppigen Füllung ist der Burek in der Herstellung etwas teurer. Hinzu kommen die Kosten für den Trinkjoghurt.

Doch überzeugte Burek-Liebhaber lassen sich weder von Modetrends, fettigen Fingern oder einigen zusätzlichen Dinar schrecken . Für sie sei Käse-Burek und ein Glas Joghurt bei der Arbeit die „ideale Zwischendurch-Mahlzeit", preist meine Sprachlehrerin Marija das Traditionsgebäck. Der mit Tierfett gefertigte Burek sei zwar kalorienhaltiger als die mit Sonnenblumöl ausgebackene Pita: „Aber dafür bringen Dich 250 Gramm Burek durch den ganzen Tag."

(Belgrad, Januar 2009)

DER KAVIAR DER PAPRIKA
Begehrte Winter-Delikatesse: Im Herbst werden die Paprikaschoten für die Ajvar-Paste geröstet

Alljährlich wenn die Blätter zu fallen beginnen, zieht durch die Schrebergärten, Treppenhäuser und Straßenzüge in Belgrad ein süßlicher, leicht angekohlter Geruch. „Ah, sie rösten Paprika!", freute sich kürzlich meine Lebensgefährtin Lada: „Sollen wir nicht zu Dana aufs Land fahren, wenn sie Ajvar macht?"

„Ajvar" nennt sich die schmackhafte Paprika-Paste, die Serbiens emsige Hausfrauen im Herbst wie überall auf dem Balkan als begehrte Winterdelikatesse für die kalte Jahreszeit einmachen. Ob als Wintersalat, Brotaufstrich, Fleischbeilage oder zum Würzen von Saucen: Der Geschmack von im Supermarkt erstandenem Paprikamus ist kaum mit dem von selbstgemachten „Paprika-Kaviar" zu vergleichen: Es ist auch das Rösten der Schoten über dem Holzfeuer, das dem

Ajvar aus der Eigenproduktion seine ureigene Geschmacksnote gibt.

Schon seit Jahren decke ich mich auf dem nahen Kalenić-Markt mit hausgemachten Ajvar ein. Zwar war ich einst beim Herbstspaziergang an der Save schon einmal auf zwei Damen gestoßen, die über dem Feuer unter einem zum Behelfsherd umfunktionierten Blechfass sich rasch schwarz färbende Paprika-Schoten wendeten. Doch das Vorhaben, dem Geheimnis der geschätzten Winterdelikatesse auf den Grund zu gehen, hatte bisher noch jeden Herbst vergeblich auf seine Verwirklichung geharrt.

Ja, lass uns zu Dana fahren, stimmte ich darum dem vorgeschlagenen Sonntagsausflug sofort zu: Denn zur aufwändigen Ajvarproduktion pflegt sich unsere Nachbarin mit Paprikasäcken bepackt gleich für mehrere Tage auf ihren Landsitz vor den Toren der serbischen Hauptstadt zurückzuziehen.

Die verregnete Ausflugsfahrt führte uns im Süden Belgrads am Avala-Berg vorbei – und in ein tiefes Tal hinab. Ein betörendes Paprika-Aroma erfüllte die behagliche Wohnküche in Danas Landhaus. Über dem knisternden Holz im Ofen schmorte in einem gewaltigen Topf bereits die Essenz von drei Tagen harter Hausfrauenarbeit. „Ihr kommt genau rechtzeitig zum Finale!", begrüßte uns Dana zufrieden, während sie den ziegelroten Sud mit ständigem Rühren vor dem Anbrennen bewahrte.

Bei einem Gläschen selbst gebrannten Pflaumen- Rakija weihte sie mich in die Geheimnisse der Herstellung des munter vor sich hin schmorenden Ajvar ein. 25 Kilo von Serbiens flacher, fleischiger und feuerroter Paprika („900 Stück") und fünf Kilo Auberginen habe sie am ersten Tag zunächst auf ihrem Holzofen geröstet. Nicht nur wegen der mühsamen Säuberung der Platte sei dies auf dem Elektroherd in der heimischen Küche kaum möglich: Das Holzaroma nehmen die Paprika nur über offenen Feuer auf.

Einen weiteren Tag erforderten das Schälen und Entkernen der Paprika. Zum Entwässern harrte das gehäutete Gemüse eine Nacht in Nylonnetzen über der Badewanne, bevor es mit etwas Knoblauch versetzt am letzten Tag durch den Fleischwolf wanderte. Mit einem Liter Öl und einer Tasse Essig habe sie den Sud zum stundenlangen Schmoren angesetzt, erzählt Dana. Wer es schärfer möge, könne das Mus natürlich mit Pfefferoni oder scharfen Paprika versetzen, sie selbst möge den Ajvar „eher mild". Salz und manchmal auch etwas Zucker füge sie erst gegen Ende hinzu: „Irgendwelche Konservierungsmittel kommen bei mir nicht ins Glas." Am Ende steht ein übersichtlicher Ertrag: 15 mit Ajvar gefüllte Einmachgläser sind das Ergebnis von Danas dreitägigen Mühen.

Erzählen macht hungrig. Brot, Schinken und Frischkäse zieren den Tisch, während Dana den ersten Ajvar der Saison kredenzt. Ob noch etwas fehle, fragt sie besorgt. Nein, der Ajvar sei perfekt, versichern wir im überzeugten Chor. Herbst und Winter können kommen: Als nächstes werden in Serbien die Kohlköpfe eingemacht...

(Belgrad, September 2015)

DRANG ZUM KRAUTFASS
Im Herbst verwandeln sich die Serben zu Einmach-Weltmeistern

Immer wenn die Blätter fallen, scheinen sich meine Belgrader Mitmenschen in unersättliche Gemüsehamster zu verwandeln. Bergeweise werden auf den Märkten Kohlköpfe, Paprika, Gurken, Möhren und Blumenkohl gehortet und in die Familienvehikel getürmt. Ein kluger Mann legt Vorrat an: Im Herbst mutieren die Serben zu emsigen Einmachweltmeistern.

Während in Westeuropa der bequeme Supermarktgriff zum Gurkenglas oder der Krautkonserve die Einmach-traditionen zunehmend verdrängt, sind es auf dem Balkan nicht nur die niedrigen Gemüsepreise, sondern auch die kargen Löhne und Mini-Renten, die ganze Familien sich in der hohen Konservierungskunst üben lassen. Doch auch Tradition und die Liebe zum Selbstgemachten lässt viele Serben auf selbst eingelegtes Wintergemüse schwören.

Dem Belgrader Herbstdrang zum Krautfass vermochte sich in diesem Jahr erstmals auch der Korrespondenten-Gast nicht zu entziehen. „Was, Du machst Dein Kraut selbst ein? Alle Ehre!", grüßte mich erfreut der Gemüsehändler, als er mich mit einem gerade auf dem Markt erstandenen Plastikfass durch die Ladentüre rumpeln sah. Das wichtigste sei „guter serbischer Kohl mit dünnen Blättern – und das richtige Salz" so seine Auskunft, bevor ich um zehn Kohlköpfe reicher sein Geschäft verließ. Auch zuhause lösten meine voluminösen Mitbringsel und der anvisierte Einstieg ins Einmachgeschäft freudige Zustimmung, aber auch kritische Anmerkungen zu meinem als viel zu klein empfundenen Fass aus. Ihr Vater habe früher immer 40 bis 50 Kohlköpfe in einem

Riesenfass eingemacht, ließ mich die Lebensgefährtin wissen. „Was man nicht selbst braucht, verschenkt man", entgegnete sie auf mein Argument, dass die Zeiten des zu versorgenden Großclans auch in Serbien Städten womöglich vorbei seien.

Mehr Gehör fand mein Einwand, dass der Erfolg meiner Krautpremiere keineswegs sicher sei und man auf versalzenem oder vergorenem Gratiskraut leicht auch wie auf sauer Bier sitzen bleiben könne. „Na gut, aber Dein Fass ist auf jeden Fall zu schmal, da passen ja nicht mal vier Köpfe rein", ließ die Haushaltschefin wissen, bevor sie zurück auf den Markt eilte, um eine etwas wuchtigere Tonne zu erwerben. Nur das Salz aus dem bosnischen Tuzla gebe dem Kraut den richtigen Geschmack, lautete derweil der Rat unserer Putzfrau Sonja: Als es während der Jugoslawien-Kriege nicht erhältlich gewesen sei, habe das ganze Wintergemüse „einfach nicht so richtig geschmeckt".

Während in mitteleuropäischen Breiten der feingeschnittene Kohl mit Salz und unter Druck im eigenen Saft in Sauerkraut-Töpfen vor sich hin gärt, werden auf dem Balkan die ganzen Kohlköpfe in Wasser eingelegt. Vor dem Verzehr als kalter Krautsalat werden sie hernach wie ein Brot in Scheiben aufgeschnitten – und mit etwas groben Paprika-Pulver überstreuselt. Zum Kochen werden hingegen gerne die ganzen Blätter für mit Hackfleisch gefüllte Krautwickel oder als schmackhafte Beigabe zum geräucherten Eisbein mit Meerrettich kredenzt: Vor dem orthodoxen Weihnachtsfasten müssen auch Serbiens Schweine im Herbst vermehrt für herzhafte Sauerkrautgerichte über die Klinge springen.

Doch so weit sind die guten Gaben des nun seit einigen Tagen auf unserem Balkan-Balkon vor sich hin gärenden Krautfass noch lange nicht. Wie von

Schwiegervater Momčilo bei mehreren Telefon-Konsultationen empfohlen füllte ich die Trichter der herausgeschnittenen Stümpfe zu zwei Dritteln mit Tuzla-Salz auf, bevor ich die Kohlköpfe sorgfältig in ihrer neuen Plastikbehausung verkantete, nochmals großzügig mit Salz überstreute und das Fass mit Wasser füllte. Mit Hilfe eines kleinen Schlauchs blase ich alle paar Tage etwas Luft in den gärenden Sud. „Das wirbelt das Salz auf – und entlüftet", so Kraut-Experte Momčilo. Mein Kohllieferant riet mir noch dazu, das Fass nach einiger Zeit etwas aufzufüllen: „Wenn der Kohl weicher wird und sackt, muss Du einfach nochmal zwei, drei Köpfe ins Fass drücken."

Reich an Ratschlägen pilgere ich nun regelmäßig mit dem Schlauch zum Fass. Doch nur Übung und Erfahrung machen den erfolgreichen Krautmeister. Und ob meine Belgrader Krautpremiere dank der zahlreichen Berater gelingt, wird sich erst in einigen Wochen weisen. Unser neues Balkon-Fass scheint Lebensgefährtin Lada ein altes Herbst-Hobby neu entdecken zu lassen: „Wir haben doch so viele alte Gläser: Sollen wir nicht auch noch Paprika einmachen?"

(Belgrad, Oktober 2016. Das erste selbst gemachte Kraut misslang mir leider kläglich. Ein Jahr später glückte es deutlich besser.)

NAHRHAFTES GEHÄNGE
Bei der „Hodeniade" kochen die Liebhaber der „weißen Nieren" alljährlich um die Wette

Rauchschwaden ziehen durch den lichten Wald. Wie bei Asterix baumeln im serbischen Weiler Lipovica Kupferkessel über unzähligen Feuerstellen. Doch es sind keine vollbärtigen Druiden, sondern stoppelbärtige Liebhaber des nahrhaften Gehänges, die gehackte Zwiebeln, Knoblauch und Paprikapulver in ihren vor sich schmorenden Zaubersud versenken. Die wichtigste Zugabe des Kochwettbewerbs der 15. „Hodeniade" schnippeln sie mit scharfen Messern in kleine Scheiben. „Willst Du etwas Hoden versuchen?", fragt ein Kochkünstler – und spießt ein auf dem Grill schmorendes Fleischstück auf die Gabel.

Selbst überzeugte Fleischesser beginnen sich beim Anblick zerschnippelter Viehgenitalien als heimliche Kannibalen zu fühlen. Doch beim Plausch mit den Mitstreitern der Hodeniade ist das mulmige Gefühl in der Leistengegend bald vergessen. "In Schweden würden sie das Gesicht verziehen: Dort sind selbst Leber, Kutteln und Bries verpönt", erzählt mir ein in Umea lebender Exilserbe: „Bei uns Serben, aber auch in Bosnien sind weiße Nieren eine Spezialität."

Tatsächlich gelten Tiertestikel in den meisten Ländern als Schlachtabfall. In Serbiens Großstädten sind Stier- oder Schweinehoden auf den Speisekarten der Wirtshäuser zwar auch immer seltener zu finden. Doch stets zu Ende des Sommers pilgern eingefleischte Jünger der Testikel-Delikatessen in den Weiler unweit der Kleinstadt Despotovac, um bei der „Weltmeisterschaft" der Hodenköche den weißen Nieren, dem Rakija und Rock'n Roll zu huldigen.

Eine ganze Nacht hat ein bärtiger Hodeniade-Veteran aus Kragujevac Schweinehoden in Milch eingelegt: „Das entzieht ihnen den Eigengeruch." Bewusst auf Stierhoden setzt bei der Zubereitung seines mit Trockenaprikosen und Preiselbeeren verfeinerten Gulaschs hingegen Seriensieger Milorad. Wegen des sehr hohen Testosteron-Gehalts sei der Geruch von Schweinehoden sehr stark „und kaum heraus zu kriegen": „Das Aroma von Stierhoden ist viel leichter, das Fleisch kann man auch so auf den Grill liegen."

Vom Wildschwein-, über Känguru- bis zu Hasenhoden sei bei der „Mudijada" bereits das Gehänge von 19 Tiersorten zubereitet und verköstigt worden, berichtet Festivalgründer Ljubomir Erović stolz. Doch in diesem Jahr setzen die Teilnehmer eher auf die Hoden des klassischen Hausviehs – allerdings mit völlig unterschiedlichen Akzenten.

Er halte die serbische Küche „für furchtbar schwer und viel zu fleischlastig" begründet der kanadische Ökonom Jeffrey, warum er sich an der Fertigung „leichter" Frühlingsrollen mit Hodenfüllung versucht. In eine Marinade aus Ingwer und Soya-Sauce legt der japanische Botschaftsangestellte Motoyuki zunächst die später mit einem Berg von Kartoffeln und Zwiebeln zubereiteten Hoden ein. Er versuche sich an Stierhoden „nach japanischer Art", erklärt er lächelnd. Auf meine Frage, ob diese auch in seiner Heimat verzehrt würden, schüttelt er entschieden den Kopf: „Nein, natürlich nicht!"

Während serbische Teilnehmer vor allem mit Gulaschgerichten ins Hodeniade-Rennen gehen, hat der Pariser Jungkoch Philippe ein viergängiges Hodenmenu kreiert. Als Vorgericht serviert er zum Champagner in Kräuterbutter ausgebackene Stierhoden in Schneckenhäusern. Einem Hoden-Foie gras folgen ein Hoden-Ratacouille und süßsalzige Hodenbällchen in Schokosauce als Dessert. Vor der Hochzeit habe er eine „besondere Herausforderung gesucht", erklärt er mir den Junggesellenausflug nach Serbien: „Am liebsten würde ich mit dem Pokal in die Ehe gehen!"

Doch dabei zu sein, ist wichtiger als der Sieg. Und wie ist es um die sagenumwobene Wirkung der von den ausschließlich männlichen Köchen kostenlos auf Papp- und Plastikteller geladenen Hodenköstlichkeiten bestellt? „Unsere Frauen können es kaum erwarten, dass wir nach Hause kommen", berichtet ein Hoden-Gourmet mit einem Augenzwinkern.

Die Erfahrung lehre, dass Hoden ein „natürliches Aphrodisiakum" voller Testosteron seien, versichert Festival-Organisator Ljubomir: Mit „gesundem Essen" könnte man auch „zu gutem Sex" gelangen. Bei 95jährigen zeige die nahrhafte Hodenkost allerdings kaum mehr Wirkung. Und wenn man zum Hodenmahl literweise den Rakija in sich hineinschütte, könnten weder Stierhoden noch Viagra helfen: „Dann ist man nur reif fürs Kopfkissen."

(Lipovica, August 2018)

DER LOCKRUF DER BALKANTRÜFFEL
Serbiens Erddiamanten werden selbst in italienischen Gourmetrestaurants kredenzt

Manchmal sind es zufällige Begegnungen, die den Korrespondenten in der Fremde in unbekannte Welten vorstoßen lassen. „Hallo Miša wie geht's, machst Du immer noch Pizza?", grüßte ich auf dem Belgrader Kalenić-Markt den früheren Pizzabäcker in meiner Nachbarschaft. „Nein, ich suche doch jetzt Trüffel!"

Die unersättliche Nachfrage der Gourmets lässt nicht nur in den Trüffelhochburgen im italienischen Piemont oder im kroatischen Istrien, sondern auch auf dem Balkan findige Sucher auf die Pirsch nach den sündhaft teuren Erd-Diamanten gehen. Ob Sommer-, Winter- oder weiße Trüffel, er suche das ganze Jahr nach den begehrten Schlauchpilzen, so Miša. Vor allem wenn von Oktober bis Mitte Januar die weißen Trüffel gesucht würden, habe er über Abnehmer kaum zu klagen: „Der Geschmack und der Duft unserer Trüffel ist verrückt. Sie sind vielleicht selbst noch besser als die in Italien." Bei meiner Frage, ob ich ihn bei der Hatz nach den Erddiamanten einmal begleiten könnte, geriet mein redseliger Ex-Nachbar allerdings etwas ins Stocken: „Ja, aber nur, wenn Du nicht verrätst, wo ich die Trüffel finde."

Das Geheimnis eines erfolgreichen Trüffelsuchers ist eben auch in Serbien sein Geheimnis. Sorgfältig schaute sich Miša um, bevor er mit seinem am Halsband zerrenden Spürhund Maza eine gute Fahrtstunde von Belgrad entfernt von einer Straßenböschung hinab in ein kleines Eichenwäldchen schritt. Er vermeide es lieber, beim Gang in den Wald gesehen zu werden, und nehme eigentlich auch nie jemand bei der Pirsch nach den kostbaren Edelpilzen mit: „Jeder Trüffelsammler hütet das Geheimnis seiner besten Fundorte und Wälder."

Unter Eichen und Silberpappeln ließen sich die Trüffel am häufigsten finden, erzählte mir Miša. Wichtig sei jedoch vor allem der Säuregehalt des Bodens: „Doch richtige Regeln gibt es keine. Manchmal scheint ein Wald für Trüffel wie gemacht und es lassen sich trotzdem keine finden." Die Trüffel würden ihren Duft zudem „in Wellen" abgeben: „Zwei Stunden lang sind sie vom Hund sehr gut zu wittern - und dann wieder stundenlang fast nicht." Wichtig sei es, mit dem Hund möglichst viel zu gehen - und immer wieder neue Regionen auszuprobieren.

Ständig durch das Eichenlaub schnüffelnd stöberte Maza unablässig kleinere, unmittelbar unter der Erde gelegene Wintertrüffel auf. Für das Auffinden von schwarzen Trüffeln gebe es etwas Hundeflocken, für weiße Trüffel kleine Wurstscheiben als Belohnung, erzählt Miša. Weiße Trüffel könne Maza bis auf eine

Entfernung von 50 Meter wittern: „Bei kälteren Temperaturen um null Grad ist der Duft stärker – und sind sie leichter wahrzunehmen."

„Such, meine Liebe, such!" feuerte Miša seine Mitstreiterin unablässig an. An einem Baumstumpf begann Maza sich mit aberwitziger Geschwindigkeit in die Tiefe zu graben. Immer wieder roch Miša an dem Erdreich. „Ja, das ist der Diamant!", freute er sich aufgeregt: „Schon am Duft der Erde lässt sich erkennen, ob es sich um weißen Trüffel handelt."

Sorgfältig klaubte er eine rund 50 Gramm schwere Knolle aus dem freigelegten Erdloch – und berauschte sich an deren betäubenden Duft. Eigentlich habe er auf einen „Joker" gehofft, eine Trüffel mit mindestens 100 Gramm. Doch auch das aufgestöberte „Ei" sei fest und von erstklassiger Qualität: Wenn die Trüffel groß und rund seien, ließen sie sich in schönere Scheiben raspeln als bei flacheren Exemplaren.

Doch in einem Land, in dem der Durchschnittsverdienst bei unter 400 Euro im Monat dümpelt, vermag sich kaum jemand an dem teuren Nobelpilz zu laben. 1000 Euro würde von den Aufkäufern aus West- und Südeuropa in Serbien für ein Kilo weißer Trüffel, 100 Euro für ein Kilo schwarzer Trüffel bezahlt, so Miša.

Für den drei- bis vierfachen Preis gehe die kostbare Delikatesse in Westeuropa über die Theke, für besonders große Trüffel werde in Asien, aber auch in Russland ein Vielfaches davon bezahlt. In Italien gebe es einfach nicht die Mengen an Trüffel, um die weltweit große Nachfrage zu befrieden, erklärte er das Käufergehör für den Lockruf der Balkan-Trüffel.

Sorgfältig strich Miša die aufgewühlten Erdlöcher wieder zu - auch um Kollegen keinen Hinweis auf mögliche Fundorte zu geben. Am Waldrand erhob ein stoppelbärtiger Mann mit Kappe und drei Spürhunden im Auto die Hand zum vermeintlich freundlichen Gruß. Lauernde Fragen nach Such- und Fundorten folgten vage Auskünfte über die Erfolge der eigenen Suchanstrengungen. Bei Gesprächen zwischen „Tartufari" werde „nie mit offenen Karten" gespielt, erklärte hernach Miša verschmitzt das beredte Verschweigen: „Wo Du am besten Trüffel findest, erzählt Dir niemand. Das musst Du selbst herausfinden."

(Belgrad November 2016)

9. DAS LIEBE VIEH

Tierisches scheint man auf den Balkan meist eher zu verschlingen als zu pflegen. Aber es gibt sie noch, die Balkanesel- und Bären. Ausgesetzt verschlägt es angestammte Haustiere hingegen oft eher unfreiwillig in die freie Wildbahn der Straßenschluchten.

HERRENLOSES HUNDELEBEN
In der Nacht werden die Straßenhunde zu den heimlichen Herrschern von Belgrad

Zugegeben, ein großer Freund des vierbeinigen Menschenfreunds bin ich nie gewesen. Eine unglückliche Kindheitsbegegnung mit dem Hund lässt mich bis heute von wütenden Waldis respektvoll Abstand halten. Auch die „der-will-doch-nur-spielen"- Versicherungen ihrer Eigentümer können mein Zutrauen zu an ihren Leinen zerrenden Dackeln oder Doggen kaum erhöhen. Streben gar Mastinos oder Pitbulls mit geschürzten Lefzen und nicht minder aggressiven Herrchen im Schlepptau auf mich zu, übe ich mich hasengleich im Bogenschlagen. Nicht jeder ist schließlich als Hundeheld geboren.

Doch die Straßen meiner neuen Heimatstadt Belgrad dominiert ein ganz anderer Schlag von Hund. Friedlich dösen die felligen Müßiggänger in der Frühjahrssonne mitten auf Gehwegen, Parkplätzen oder an Straßenecken. Ein drohendes Knurren gegenüber Passanten habe ich bislang von den gutmütigen Stadtbewohnern nie vernommen: Allenfalls Kollegen an der Leine werden von ihren herrchenlosen Artgenossen misstrauisch bekläfft. Ob groß oder klein, dunkel oder hell: gemächlich streichen die freiheitsliebenden Mischlinge in meinem Stadtteil Senjak durch ihr Revier. Gelegentlich werfen ihnen Marktfrauen oder Müllmänner etwas Essbares zu: Ausgehungert wirken Belgrads erstaunlich wohlgenährte Straßenhunde nur selten.

Doch nicht alle Belgrader sind von den tierischen Stadtstreichern erbaut. Eltern sorgen sich bei der Begegnung mit größeren Hunderudeln um das Wohl ihrer keineswegs bissfesten Kinder. Bis zu 20 der „Köter" würden den Eingang ihres Wohnblocks in Novi Beograd belagern, klagt meine Sprachlehrerin Marija. Einkaufstaschen mit Serbiens legendären Wurst- und Fleischwaren ließen sich nur mit Mühe an ihnen vorbei ins Haus schmuggeln. „Und die Stadt tut nichts," ärgert sie sich.

Tierschützer ereifern sich hingegen über kommunale Hundefängertrupps, die vor Großveranstaltungen die Straßen von den streunenden Stadtbewohnern zu säubern trachten. Über „Massaker" an Belgrads Straßenhunden alarmierten Tierfreunde vor der Basketball-WM 2005 aufgebracht die Weltöffentlichkeit: Selbst von Tierschutz-Verbänden sterilisierte Straßenhunde seien in den „Todeslagern" des städtischen Veterinärsamts spurlos verschwunden.

Manchmal können es auch Bürgerväter eben keinem Hund recht machen. Um zumindest das Ausmaß der vermeintlichen Hundeplage zu erfassen, entsandte die allseits kritisierte Kommune im letzten Jahr ihre Emissäre zur Hundevolkszählung aus. Gingen Schätzungen zuvor von zehntausenden Belgradern Straßenhunden aus, konnten die Hundezähler trotz eifriger Suche nur 4195 herrenlose Tiere registrieren.

Das obdachlose Getier zeigt sich von den Anstrengungen der eifrigen Hundestatistiker aber ohnehin kaum beeindruckt. Unbeirrt geht der Belgrader Straßenhund seine eigenen Wege. Wenn sich die Dunkelheit über die Stadt senkt, erwacht der Rudelinstinkt in seiner tagsüber eher phlegmatischen Seele. Längst haben sich ihre domestizierten Kollegen zu den Füßen ihrer Herrchen gebettet, wenn die Freigeister erhobenen Hauptes in großen Rudeln die Stadt durchtraben. Der Anblick der hündischen Horden, die zu nächtlicher Stund' durch die Fußgängerzone der Kneza Mihailova streifen, verblüfft allenfalls ausländische Besucher. Die Einheimischen wissen es hingegen längst. Belgrad ist zwar noch nicht ganz auf den Hund gekommen. Doch der eigentliche Herrscher der Stadt ist er trotzdem.

(Belgrad, März 2007. Nach der 2008 einsetzenden Krise hat sich die Zahl ausgesetzter Hunde erhöht.)

DIE PLAGE DES AMSELFELDS
In Kosovo kommt von oben nicht nur Gutes

„Shit!" lässt ein englischsprachiger Anzugsträger auf dem Mutter-Teresa-Boulevard von Pristina seiner Verärgerung freien Lauf, bevor er die Hauptstadt des Kosovo als ebensolches „Loch" verflucht. Mit seinen Verwünschungen hat der gute Mann allerdings nicht die fürstlichen Gehälter der internationalen UN-Diener im Auge. Es ist das schwarze Federvieh, das auf den Bäumen der Kosovo-Metropole thront, unter dessen Auswürfe heimische wie ausländische Bewohner gleichermaßen zu leiden haben. Ob Amsel, Krähe oder Star: Im Alltag erweist sich das verdaufreudige Getier als einer der unangenehmsten Plagen des Amselfeldes.

Slowakische Soldaten hüten vor den Toren der Hauptstadt der Kosovo-Albaner gelangweilt Serbiens vereinsamtes Nationalheiligtum. Von den Zinnen eines schmucklosen Turmes schweift der Blick über unverputzte Backsteinsiedlungen und ein kräftig qualmendes Kraftwerk im weiten Tal. Schlachten wurden in der Ebene viele geschlagen. Doch ausgerechnet ein missglückter Waffengang des gefallenen Fürsten Lazar gegen die übermächtigen Truppen des Türken-Sultans Murad begründete 1389 Serbiens Nationallegende. Demnach verwandelten sich die gefallenen Helden auf dem Schlachtfeld in Amseln, um die Niederlage mit ihren Gesängen zu beklagen.

Amseln lassen sich als ursprüngliche Waldbewohner auf dem zersiedelten Ackerland des Amselfelds allerdings nicht erspähen. Stattdessen üben sich über den Dächern des nahen Pristina während der milden Wintermonate zehntausende von Staren im Formationsflug: Aus ganz Europa steuern Vogelschwärme die vermeintliche Heimat der Amsel als Winterquartier an – und verdüstern in Pristina den Horizont.

Nur aus der Ferne lassen sich die fliegerischen Darbietungen der gewaltigen Schwärme bewundern. Streicht eine Vogelwolke in der Stadt nieder, ist es mit dem Spaß an der Federpracht vorbei. Ob Stare oder die graubrüstigen Kosovo-Raben: Die Bäume der Innenstadt beugen sich nach Einbruch der Dunkelheit unter der Last hunderter Vögel, die sich wie düstere Unglücksraben erstaunlich wohl genährt an deren Zweige krallen. Nahrung finden die Allesfresser in Müllcontainern, in Hinterhöfen oder am Straßenrand hinterlassenen Unrat genug: Stoffwechselprobleme kennen sie in dem Futterparadies keine.

In Pristina kommt von oben denn auch nicht nur Gutes. Wie ein Platzregen prasselt der Vogelkot aus den Bäumen auf den Asphalt. Parkplätze sind zwar stets gesucht. Doch die Furcht vor der klebrig-weißen Kruste auf dem Lack lässt erfahrene Fahrer die freien Lücken unter Baumkronen tunlichst meiden. Der bedachtsame Blick routinierter Fußgänger schweift nicht nur zur düsteren Hitchcock-Filmvogel-Kulisse nach oben, sondern auch nach unten: Die Sorge um Mäntel und Jacken lässt Passanten einen weiten Bogen um eingeweißeltes Gehwegpflaster schlagen.

In einigen Seitenstraßen sind die Schattenspender des Sommers wegen der Vogelplage des Winters bereits gefällt. Die Müßiggänger am Mutter-Teresa-Boulevard können vorläufig nur auf den sich ankündenden Frühling hoffen. Bis Ende Februar macht sich zumindest ein Teil der unerwünschten Gäste nach Mittel- und Osteuropa auf – und ist die Hochsaison der Reinigungen von Pristina endlich vorbei.

(Pristina, Februar 2007)

KLEINES LAND MIT GROSSEM BÄRENHERZEN
Slowenien versucht sich am Nebeneinander von Mensch und Bär

Mit Schokolade lassen sich auch misstrauische Sohlengänger aus den Tiefen der slowenischen Bergwäldder locken. Die Sonne ist bereits hinter den Wipfeln der mächtigen Baumriesen verschwunden, als ein neugieriger Jungbär aus dem Unterholz auf die Lichtung lugt. Vorsichtig umtappst Meister Petz die ausgelegten Gaben. Mit lautem Knirschen zermalmt der langfellige Waldbewohner die Maiskörner, als er im Baumstumpf das ersehnte Dessert erschnüffelt. Mit starker Pranke schiebt der Braunbär schließlich kurz entschlossen den hölzernen Deckel beiseite – bevor sein wendiges Haupt im freigelegten Stumpf verschwindet: Bis zum letzten Krümel leckt er fachkundig die Schokobrocken aus.

Im Hochstand 15 Meter über der Lichtung an den Flanken des südslowenischen Snežnik-Gebirges lässt Bärenhüter Uroš seinen scheuen Schützling keinen Augenblick aus den Augen. Auf die großen Bären müsse man bis drei oder vier Uhr morgens warten, flüstert der junge Jäger mir leise zu: „Sie sind vorsichtiger – und wittern schneller die Gefahr." Selbst sei ihm auf der Pirsch in seinem Revier um den Waldweiler Mašun schon häufig ein Bär über den Weg gelaufen: „Am besten bleibt man dann stehen - und macht gar nichts."

Auf jeden 4000. Bewohner der nur zwei Millionen Einwohner zählenden Alpenrepublik kommt ein Bär. Und fast jeden von Sloweniens rund 500 Sohlengängern hat Marko Jonozović nicht nur durch Halsbandsonden und DNA-Analysen genau im Blick. Drei Mal im Jahr werde an den Futterstellen der Bestand gezählt, Abgänge und Verluste genauso wie die durch die Bären verursachte Schäden in der Landwirtschaft genau registriert, berichtet mir der Chef der Abteilung Waldtiere und Jagd in Sloweniens Forstverwaltung in Ljubljana. 104 Bären hat der stämmige Förster in den letzten 20 Jahren zur Umsiedlung oder für wissenschaftliche Zwecke lebend gefangen. „Der Bär ist ein großartiges Tier, jede Begegnung mit ihm ist besonders", gerät Sloweniens Bären-Vater ins Schwärmen: „Bären sind intelligente Tiere, aber man kann sie nicht in eine Schublade stecken: Sie sind unberechenbar."

Als „Denkmal unserer Natur und Kultur" preist Jonozović seine zottigen Augäpfel. Doch obwohl das bewaldete Slowenien nach Rumänien als das Land mit der größten Bärendichte Europas gilt, ist das Nebeneinander zwischen Mensch und Tier auch in dem Bäreneldorado keineswegs problemfrei. „Die Liebe zum Bär nimmt mit der Distanz zu ihm zu", konstatiert der Bärenanwalt. In den Großstädten und im Nordosten, wo es keine Bären gebe, werde er am meisten geliebt: „Die Menschen, die mit ihm leben, sind weniger begeistert."

Wieder klingelt in seinem Büro das Telefon. Am Vortag sei nur eine halbe Auto-Stunde von Ljubljana entfernt eine Frau beim Spaziergang mit ihrem Hund von einem Bären angegriffen und verletzt in ein Krankenhaus eingeliefert worden, seufzt der Forstbeamte. Nach jedem Vorfall würden Journalisten mit der Frage anrufen, wie man sich bei einer Begegnung mit einem Bären zu verhalten habe, erzählt der bärtige Slowene. Und Lokalpolitiker würden sich mit der Forderung nach der Reduzierung des Bärenbestands zu profilieren suchen. Doch nur wenn Problembären sich weder umsiedeln noch vertreiben ließen, würde das Forstamt die Zustimmung zu „außerordentlichen Abschüssen" geben: „Doch jeder Fall wird genau geprüft, die Abschüsse immer genau kontrolliert."

Mit Segen des Forstamts werden jährlich rund 75 Bären zur „Bestandskontrolle" erlegt – zehn bis 15 Abschüsse aufgrund von „Konfliktsituationen" miteingeschlossen. Die Zahl der Bären im Land sei „zu groß", klagen nach dem letzten Zwischenfall indes wieder einmal die örtlichen Würdenträger. Doch den regelmäßig wiederkehrenden Klagegesang über die vermeintliche Bärenbedrohung ist Jonozović gewöhnt. Bei den Forderungen nach verstärktem Abschuss würde oft die Sorge um die Sicherheit der Kinder vorgeschoben. Seit dem Zweiten Weltkrieg sei es in Slowenien jedoch erst zu drei Todesfällen durch den Bären gekommen, zum letzten Mal in den 70er Jahren, relativiert er den gerne entfachten Medienwirbel: „Wenn die Furcht vor dem Bär tatsächlich so groß wäre, wäre er in Slowenien längst ausgerottet."

Der Bär sei ein „Ernährungsopportunist", so Jonozović: „Er geht dorthin, wo er sich am leichtesten und schnellsten ernähren kann – notfalls auch ins Dorf." Schlachtabfälle vor dem Haus und ungesicherte Abfälle locken den Allesfresser an. Ein weiteres Problem ist die Verwahrlosung und Versteppung von Weiden und Obstwiesen. Der Lebensraum des Bärs habe sich erweitert, berichtet der Forstbeamte: „Wenn der Bär aus dem Wald herauskommt, steht er mittlerweile den Leuten oft schon praktisch im Hof."

Broschüren und Aufkleber gemahnen Waldanrainer zur Sicherung ihrer Abfälle – und ihre Hunde bei Wald-Exkursionen an die Leine zu nehmen: Denn Vierbeiner, die Bären im Unterholz aufstöbern, pflegen sich meist verschreckt zu ihren Herrchen zu flüchten und die Aufmerksamkeit ihres Verfolgers auf diese zu lenken.

Doch außer mit Aufklärung lässt das Forstamt zur Konfliktvermeidung im Notfall auch das Scheckbuch sprechen. Der Staat haftet für seine Bären – und lässt sie sich etwas kosten: Jährlich 200-300 000 Euro werden im Jahr an Entschädigungen für zerstörte Bienenstöcke, beschädigte Maisfelder, gerissene Schafe oder Ziegen bezahlt. An der Höhe der Zahlungen hätten die Betroffenen nichts auszusetzen, oft wohl aber am Prinzip, so Jozanović: „Viele sagen, dass sie ihre Schafe eigentlich für sich, aber nicht für den Bären gezüchtet hätten.

Sloweniens vor allem im Südosten des Landes lebende Bären wurden zur Erhaltung der vielerorts bereits ausgestorbenen Art in den letzten Jahren nach Österreich, die französischen Pyrenäen und die italienischen Alpen ausgesiedelt. Doch nicht nur eine ausreichend hohe Zahl von Tieren ist eine Voraussetzung für den Erfolg einer erfolgreichen Wiederansiedlung.

In Österreich sei die kleine Bärenpopulation durch Wilderei am Schwinden, bedauert Jozanović: „Wir würden uns wünschen, dass es auch in den Nachbarländern zu einer kontrollierten Lage kommt – und man sich klar ausdrückt, ob Bären erwünscht sind - oder nicht."

In Italien hatte Sloweniens fruchtbarer Bärenexport nachhaltige Folgen. Die einst zehn ins Trento ausgesiedelten Bären haben sich mittlerweile auf 35 vermehrt. Doch deren Auswanderversuche in andere Alpenstaaten endeten bisher meist mit tödlichen Blattschüssen. So sorgte der Nachfahre eines in Italien angesiedelten Bären 2006 als „Bruno" in Bayern bis zu seinem Abschuss wochenlang für aufgeregte Schlagzeilen. Er könne die Sorgen vor den Problemen, für die ein Bär sorge, verstehen, sagt Jozanović achselzuckend: „Aber ein so großes Land, eine so große Demokratie – und der erste Bär, der nach 170 Jahren endlich wieder nach Deutschland kommt, wird dort einfach abgeschossen."

Zumindest in Sloweniens dichten Wäldern können sich die Bären ihres Fells und eines leckeren Nachthappens weitgehend sicher sein. Die Dämmerung zieht herauf, als eine kapitale Bärendame den sich satt gegessenen Jungbären von der Futterstelle vertreibt. Wie viele Bären durch die Wälder des Jagdreviers „Jelen" ziehen, vermag auch Jäger Uroš nicht genau zu sagen. Der Mann mit dem Filzhut weist in Richtung der zehn Kilometer entfernten Grenze zu Kroatien: „Bären wandern, wie sie wollen. Sie machen auch vor der Schengen-Grenze nicht halt."

(Ljubljana Juni 2012. Inzwischen begrenzt der während der Flüchtlingskrise 2015 errichtete Grenzzaun zu Kroatien den freien Bärenlauf.)

VOM PACK- ZUM CREME-ESEL
In einem serbischen Nationalpark feiert der Balkanesel ein erstaunliches Comeback

Was schenkt man nur der Schwiegermutter? Rechtzeitig vor deren Geburtstag fiel mein Blick an der Belgrader Stadtautobahn auf das Werbeplakat eines mir wohl bekannten Ausflugsziels. „Der Esel hat die Lösung", lautete die beruhigende Botschaft.

Länger als jedes Pferd kann der genügsame Kletterspezialist ohne Wasser und Gras über Stock und karges Gestein stapfen: Schon Jesus zog einst auf starkem Eselskreuz in Jerusalem ein. Seit Menschengedenken war der Esel denn auch im Südosten Europas als zuverlässiges Lasttier geschätzt. „Der Balkan beginnt dort, wo die Esel mit ihren Lasten durch enge Gassen trotten", schrieb noch zu Beginn des 20. Jahrhunderts ein deutscher Reise-Schriftsteller.

Doch die Zeiten, in denen die Langohren Urlaubsfotos und Ansichtskarten schmückten, sind auf dem Balkan vorbei. Einmal stiefelten mir vor der montenegrinisch-albanischen Grenze noch einige Esel über den Weg. Ein anderes Mal sah ich in Mazedonien einen Bauern den graufelligen Gefährten treiben.

Mit der Mechanisierung der Landwirtschaft und dem Ausbau des Straßennetzes hat der Esel als Arbeitstier zunehmend ausgedient. Viele überflüssig gewordene Balkanesel wurden in italienischen Schlachthäusern verwurstet. Auf gerade noch 300-500 Tiere wird in Serbien der geschrumpfte Eselbestand geschätzt.

„Etwas Besseres als den Tod findest Du überall", wusste schon der Märchenesel der Bremer Stadtmusikanten. Und tatsächlich tut sich für die bedrohten Sympathieträger zumindest im westserbischen Nationalpark Zasavica ein grasgrünes Refugium auf. Eine Hundertschaft der kurzfelligen Unpaarhufer zieht in der trockenen Jahreshälfte völlig frei über dessen weitläufige Weiden. Den Erhalt heimischer Nutztierarten hat sich der Nationalpark zur Aufgabe gemacht – und sich auf die Hege der Balkan-Esel spezialisiert.

Zu regelmäßigen Abstechern in den unweit der Provinzstadt Sremska Mitrovica gelegenen Park treibt mich indes weniger die generelle Sympathie für das bedrohte Tier als ganz eigennützige Motive. Ihrer früheren Fron als Packesel sind die Vierbeiner in Zasavica zwar entronnen, doch werden sie dafür als Melkesel genutzt: Vor allem für die Damenwelt finden sich in der Souvenirbude des Parks freudig begrüßte Molkereigaben.

Die sehr fettarme, vitaminreiche und bakterienfreie Eselsmilch hilft nicht nur bei Asthma und Bronchitis, sondern wurde schon im Altertum als Hautpflegemittel geschätzt. Bereits Kleopatra konservierte ihre legendäre Schönheit mit dem Eselelixier. Viel Milch geben Eselsstuten allerdings nicht - gerade ein halbes Glas am Tag. Mit 40 Euro pro Liter hat Eselsmilch ihren Preis – genauso wie der aus ihr gefertigte Eselskäse. Für ein Kilo sind 25 Liter nötig: 1000 Euro müssen Liebhaber darum für den angeblich teuersten Käse der Welt berappen: Zumindest Serbiens Tennis-As Novak Đoković pflegt den Luxushappen in seinem Belgrader Restaurant zu verköstigen.

Wer hat, der kann: Für Schlagzeilen sorgte vor vier Jahren ein anonymer Parkmäzen, der sich für die Kleopatra-Dame seines Herzens für 5000 Euro die Wanne mit Esels-Milch voll blubbern ließ. Doch auch Geschenkjäger mit kleinerem Budget müssen nicht verzagen. Ein Holzdöschen mit Eselsmilch-Creme ist ab 25 Euro zu haben. Nach anfänglicher Skepsis reagierte die Schwiegermutter auf die Segnungen von Serbiens Creme-Esel begeistert. „Das ist die beste Creme, die ich jemals hatte", schwärmte höflich das in Kosmetikfragen sehr bewanderte Geburtstagskind.

(Belgrad, März 2013)

WIMMELN UND WUSELN
Der Kammerjäger als Stammgast: In Belgrader Altbauwohnungen ist das Haustier immer nah

Ein Anruf kurz nach dem Einzug in unseren Belgrader Altbaupalast sollte vor zwei Jahren das Menetekel für die uns bevorstehenden Haustierfreuden sein. Mit ihrem fruchtigen Vornamen „Jagoda – Erdbeere" stellte sich mir eine Dame am anderen Ende der Leitung vor: „Haben Sie Ärger mit Kakerlaken, Schaben, Ameisen, Wespen, Mäusen oder Ratten? Wir beseitigen alles." Danke Erdbeere, mit den paar Käferlein, die mir unter die Hausschlappen gelaufen seien, würde ich alleine fertig, so meine voreilige Antwort.

Die notierten Kontaktdaten der fürsorglichen Erdbeere hatte ich zwar schnell verlegt. Aber mittlerweile sind ihre Kammerjägerkollegen im Sommer regelmäßig Gäste in unserem Altbaudomizil. Denn wenn die Temperaturen steigen, nimmt das Wimmeln und Wuseln, Scharren und Flattern vor allem in den älteren Vierteln von Serbiens Hauptstadt kräftig zu.

In unserem Keller sind die ausgelegten Rattengiftberge stets beunruhigend schnell weggeputzt. Die treuesten Gesellen, die ihren Weg aus den Hinterhöfen und Kanalisation über Rohre und Häuserwände bis in unsere Obergeschoß-Wohnung finden, sind allerdings die Tierchen, die vielleicht wegen ihres nur mit entschlossenen Tritt zu knackenden Panzers im slawischen Raum einen erstaunlich teutonischen Namen tragen: Die wieselflinken Kakerlaken oder Orientalische Schaben firmieren dort als „bubašvabe – Schwabenkäfer".

Mit atemberaubenden Giftsprays und einem über das Internet bestellten „Kakerlaken-Hotel" („they always check in, they never check out") versuchte ich den

Biestern anfangs selbst Herr zu werden. Noch schneller breiten sich allerdings die etwas kleineren „bubaruse – Russenkäfer" aus, im deutschen Sprachraum als Deutsche oder Küchen-Schabe berüchtigt.

„Die sind die widerlichsten", beschied mir der gegen die Schabeninvasion zu Hilfe geholte Tiervertilger Darko, als er wieder einmal seine weißliche „Öko"-Giftlösung in Ritzen und Ecken verspritzte: Manchmal würden sie auch erst von Kammerjägern in die Wohnungen eingeschleppt. Doch hatte der fröhliche Insektenkenner auch Tröstliches parat: Die Russen würden zumindest die Schwabenkäfer vertreiben.

Im Dorf aufgewachsen sind mir die graufelligen Zeitgenossen, die sich kürzlich hinter meinem Schreibtisch tollten, nicht unbekannt. Aber zuhause sind Hausmäuse auch in der Stadt nicht gefragt. Der Gang zum Metallwaren-Händler zum Erstehen einer Mäusefalle war indes vergeblich. Der freundliche Verkäufer verwies mich zur nahen „Garten-Apotheke". „Ja, wir haben Mäusekleb, aber sonst nichts Anderes", beschied mir dort freundlich die Fachfrau.

In der Not schmiert der geplagte Hausherr in Belgrad auch tierfeindliches Brot. Um die auf Papptellerchen ausgelegten Käse-Salami-Happen strich ich wie vorgeschrieben eine Lage Mäuseleim. „Tom jagt Jerry" erklärte die Hausherrin dem interessierten Sohn. Am nächsten Morgen riss uns ein klägliches Fiepen aus dem Schlaf. Eine Maus zappelte im zähen Todesleim. Drei weitere sollten in den nächsten Tagen folgen. Die schließlich entnervt bestellten Mäusejäger stopften den nahen Dachfirst als der ausgemachten Quelle der unersättlichen Besucher mit Giftbeutelchen voll.

Vielleicht hatte dort einer der gurrenden Dachbewohner, die ich mit schwarzen Plastikraben auf Abstand zu unserer Terrasse zu halten suche, die Mäusegabe in den falschen Hals bekommen: Eher benommen flatterte mir eines Morgens eine weiße Taube aus dem Wohn- ins Badezimmer entgegen. Von ihrer federreichen Vertreibung aus unserem Tiereldorado war allenfalls der Sohn begeistert. Seinen erschöpften Erziehungsberechtigten blieb nach der adrenalinhaltigen Hatz lediglich ein Trost: In Belgrad ist der Mensch wirklich nie allein.

(Belgrad, August 2013)

UNTER DEN FITTICHEN DES STORCHENVATERS
Seit einem Vierteljahrhundert kümmert sich der Rentner Stjepan um die behinderte Störchin Malena.

Ein freudiges Klappern erschallt unter dem Dachgestühl. „Guten Morgen, meine Kleine!", begrüßt Stjepan Vokić seinen Schützling in der zum wohlig warmen Winterquartier umgebauten Garage. Liebevoll nimmt der 73jährige Rentner die schwarz-weiß gefiederte Malena unter den Arm – und stopft ihr als Frühstück klein geschnetzeltes Kalbfleisch in den Schnabel: Schon seit einem Vierteljahrhundert geht Stjepans Liebe zum bedrohten Tier im kroatischen Slavonski Brod durch den nimmersatten Storchenschlund.

Es sei während der Zeit des „unseligen" Kriegs gewesen, als er beim Angeln die von betrunkenen Jägern angeschossene Störchin gefunden habe, erinnert sich der pensionierte Schulhausmeister an den Tag, als er Malena im August 1993 unter seine Fittiche nahm. „Was bringst Du denn da mit?", habe seine Frau zunächst wenig erbaut gefragt. „Aber ich konnte sie nicht einfach sich selbst überlassen", begründet der seit zehn Jahre verwitwete Stjepan seinen damaligen Samaritereinsatz: „Sie wäre sofort von den Füchsen gerissen worden."

Zunächst fütterte der Stjepan seinen Schützling Tag für Tag, dann Jahr für Jahr durch. Fliegen könne Malena wegen des verletzten Flügels leider nicht, aber führe sonst ein fast normales Storchenleben, versichert mir der Storchenvater. Im elterlichen Heimatdorf sei er zwischen Störchen groß geworden, begründet er seine Vertrautheit mit den Dachbewohnern: „Immer wenn ein Junges aus dem Nest fiel, kletterten wir aufs Dach – und brachten es zurück."

Ein selbstgezimmerter Steg ermöglicht der Störchin mit dem leicht nach unten hängenden Flügel den Aufstieg aufs Dach. Solange die Temperaturen noch nicht unter zehn Grad sacken, kann sie die letzten Herbsttage zumindest tagsüber in ihrem Nest thronen und von ihrem fernen Klepetan träumen: Erst nach dem Winter segelt ihr Lebenspartner aus seinem Winterquartier in Südafrika Ende März wieder ins gemeinsame Nest ein.

Im Alter von sieben Jahren habe Malena ihren ersten Partner kennengelernt – und gemeinsam mit ihm die ersten Eier ausgebrütet. Doch schon im dritten Sommer sei dieser nicht mehr zurückgekehrt, vermutlich unterwegs ums Leben gekommen, erzählt mir Storchenpfleger Stjepan. Nach einem „Jahr der Trauer" sei 2003 der ebenso schmucke wie treue Klepetan in Malenas Leben getreten. 65 Storchenkinder hat das Paar seitdem unter Mithilfe Stjepans großgezogen. Denn dieser hat nicht nur seine Malena und deren Nachwuchs, sondern zu seinem Leidwesen auch deren Partner durchzufüttern.

„Klepo, der Lump" habe sich leider an den Luxus von freier Kost und Logis in seinem Sommerhotel gewöhnt und sei bei der Nahrungssuche für seine Brut leider keine Hilfe, scherzt Stjepan. Täglich lege er darum mit seinem alten Golf in den Sommermonaten bis zu 50 Kilometer zurück, um für seine Zöglinge frische Lebendfische zu fangen. Leider seien die Fische in den nahen Kanälen fast alle verschwunden. Der trockene Sommer habe die Uferwiesen und Seitenarme der Save völlig ausgetrocknet: „Alles ändert sich und am meisten das Klima: Seit Mai gab es hier keinen richtigen Regen mehr."

In den Tagen, bevor Klepo über Somalia und den Nahen Osten aus Südafrika nach Slavonski Brod zurückkehre, sei Malena immer sehr aufgeregt, wolle kaum mehr etwas essen und schaue immer wieder sehnsüchtig nach Osten, erzählt Stjepan. Noch mehr machten ihr die Nerven jedoch vor und nach dem Abflug ihres Partners ins afrikanische Winterquartier am 28.August zu schaffen: „Sie ist dann oft sehr niedergeschlagen, verzweifelt – und traurig."

Mit Ausflügen an die Flusswiesen versucht Stjepan seine Malena aufzuheitern: „Ich kurbele das Fenster runter, sie streckt den Kopf raus und scheint sich im Fahrtwind wie beim Fliegen zu fühlen: Sie bewegt immer ein wenig die Flügel." An Wintertagen lässt er sie auch schon mal in die Wohnstube, um gemeinsam Fernsehen zu schauen. Gerne sehe sie Filme über Tiere „wenn die gefiedert sind". Doch am liebsten betrachte sie Aufnahmen mit Klepetan und ihren Kindern: „Manchmal hat sie eine Träne im Auge."

Im Sommer verschlingen die Benzinkosten für die Angelausfahrten den Großteil von Stjepans kleiner Rente. Im Winter sind es die Kosten für das Fleisch und das Holz zum Heizen der Garage, die den

Storchenhüter kaum mehr über die Runden kommen lassen: „Es ist wie bei der Pflege eines behinderten Kinds. Du musst nonstop für sie da sein." Bereut hat er es aber nie, die gefiederte Lebensgefährtin unter seine Fittiche genommen zu haben: „Ich würde Malena nie weggeben. Solange ich noch kriechen oder eine Bank ausrauben kann, wird sie bei mir immer etwas zu essen haben."

(Slavonski Brod, November 2018. Nach seiner erneuten Rückkehr aus Afrika ist Malenas Partner Klepetan im Frühjahr 2019 verstorben.)

GLITSCHIG, BLIND UND LEICHENBLASS
Die Geheimnisse des Grottenolms: Zu Besuch bei Sloweniens Herr der Unterwelt

Manche Lese-Abenteuer der Kindheit bleiben das ganze Leben unvergessen. Es war eine Höhlenexkursion von Lurchi, dem Werbeschuhsalamander, das mich schon in jungen Jahren in den Bann von Sloweniens rätselhaftem Herrn der Unterwelt zog. Mit einem festen Tritt verwies Lurchi in der immer wieder aufs Neue verschlungenen Episode seinen aschfahlen Artgenossen mit den roten Kiemenbüscheln in die Schranken: „Denn ein Tritt von Salamander traf den Olm – und schnell verschwand er."

Doch eine Begegnung mit dem faszinierenden Fabelwesen meiner Kindheit war mir lange nicht vergönnt. Erst vor einigen Wochen ereilte mich die Kunde, dass in Postojna erstmals eine Kamera das Schlüpfen der rätselhaften Grottenolme aus ihren Eiern erfasst habe: Entschlossen machte ich mich bei der erstbesten Gelegenheit zum Besuch des lichtscheuen Schwanzlurches in der größten Tropfsteinhöhle Sloweniens auf.

Eher schweinsrosa als leichenblass buhlten Plüsch-Olme im Souvenirladen vor der Höhle um Käufer und Kunden. Der Grottenolm sei ein „charismatisches Tier", das in Slowenien zwar jeder kenne, aber trotzdem voller Geheimnisse sei, pries der auf mich wartende Höhlenbiologe Primož Gnezda seinen unansehlichen Augapfel: „Jeder Slowene kommt mindestens drei Mal im Leben zum Olm nach Postojna: Erst als Kind, dann mit den eigenen Kindern – und schließlich mit den Enkeln."

Für die persönliche Begegnung mit Sloweniens sagenumwobenen Nationaltier mussten wir in die Tiefe rattern. Zwei Kilometer wanden sich die Gleise der Höhlenbahn um gigantische Stalagmiten und unter den Bögen schlanker Stalakniten hindurch. Hernach ging es zu Fuß an atemberaubenden Gesteinsformationen vorbei zum eigentlichen Herrn der verwunschenen Unterwelt. Die karge Beleuchtung tauchte die weiß schimmernden Tropfsteinsäulen in den hohen Hallen in ein geheimnisvolles Licht. Nur ein schwacher Schein erhellte auch die aalähnlichen Amphibien, die hinter dem dicken Glas des Höhlenaquariums meist regungslos auf Besucher und ihre monatliche Fütterung harren.

„Proteus" lautet der wissenschaftliche Name des mysteriösen Schwanzlurchs, der in den Karsthöhlen der östlichen Adria zu Hause ist: Von Norditalien bis Montenegro ist der geschützte Grottenolm verbreitet. Von Hochwasser auf die Weiden gespült wurde der Lurch wegen der hautähnlichen Farbe von den Bauern einst als „Menschenfischlein" bezeichnet: Der Name hat sich in Slowenien bis heute gehalten.

Fast unhörbar gurgelte in der Tiefe ein unterirdischer Wasserfall, während der 30jährige Biologe über das Wesen seiner meist wesentlich älteren Schützlinge dozierte. Bis über 100 Jahre alt könnten die ausgewachsen nur 30 Zentimeter langen Olme werden: „Sie tun nicht viel – und das ist vielleicht das Geheimnis ihres langen Lebens." Sinke in der Höhle der Wasserpegel plötzlich ab und hänge ein Olm in einer Wassermulde fest, könnte der sogenannte Babydrache bis zu zehn Jahre ohne Futter auskommen.

In seiner natürlichen Umgebung, den schwer zugänglichen Gewässern im ausgehöhlten Karstgestein, konnte die Vermehrung des lichtscheuen Höhlenbewohners allerdings nie beobachtet werden. Die Nachricht von 64 gelegten Eiern im Höhlenaquarium von Postojna sollte darum die Grottenolmenthusiasten in aller Welt elektrisieren: Die Laborkamera hielt schließlich im Sommer das Schlüpfen von insgesamt 22-Jung-Olmen fest.

Der Zutritt in die Olm-Kinderstube war selbst dem neugierigen Journalistenvoyeur streng untersagt. Doch auf einem Schirm konnte ich das Gedeihen der nur wenige Zentimeter großen Jungtiere in dem nahen Olm-Labor problemlos verfolgen. Täglich füttere er seine „Babys" mit jeweils einem Weißwurm, berichtete mir der Olm-Sitter stolz. Das für die Bassins verwendete Höhlenwasser müsse er ständig überprüfen: „Die Massentierhaltung und die Überdüngung der Felder sind für das Menschenfischlein die stärkste Bedrohung."

Doch vieles von dem archaischen Höhlentier liegt noch im Dunklen. Sicher sei, dass der Grottenolm keine Vorstufe, sondern eine Rückentwicklung von während der Eiszeit in die Höhlen geflüchteten Salamandern sei, so dessen Hüter. Im Larvenstadium verharre der Proteus Zeit seines Lebens, da im Höhlenwasser die Metamorphose überflüssig geworden sei: Die im Dunklen überflüssigen Augen hätten sich zurück entwickelt und seien von Haut überzogen. Dass sich manche vor dem glitschigen Wappentier von Postojna ekelten, könne er kaum verstehen, gestand mir der Proteus-Fan beim Abschied: „Ich mag den Grottenolm. Vielleicht sollte es der Mensch wie er auch etwas ruhiger angehen lassen."

(Postojna, August 2016)

10. LEBENSLAGEN

Ob arm oder reich, Auswanderwillige oder Heimkehrer, ob Richter oder Gauner: Vor Überraschungen und wunderlichen Begegnungen ist man im einstigen Reich der Südslawen in keiner Lebenslage gefeit.

RICHTER IN LEDERJACKEN
Umgänglich und unerbittlich: An der Anklagebank kommt man in Belgrad kaum vorbei

Die gestrenge Justizdienerin kannte kein Erbarmen. Das neue Jahresvisum müsse spätestens ein Monat vor Ablauf des alten gestellt werden, „und Sie sind einen Tag zu spät", belehrte mich die blonde Beamtin hinter dem Schalter der Ausländerpolizei in Belgrad. Sie könne „leider nichts machen": „Das ist ein Gesetzvorstoß. Sie müssen vor Gericht."

An der harten Anklagebank kommt man in Serbien kaum vorbei. Während die Wachtmeister mitteleuropäischer Staaten bei kleineren Vergehen selbst Ordnungs- und Bußgelder verhängen können, ist es mit simplen Strafzetteln in Serbien selten getan. Die völlig überlasteten Richter haben auch bei Bagatelldelikten über das Strafmaß zu entscheiden.

Einheimische haben auf ihre Prozesse oft Wochen, Monate oder manchmal gar Jahre zu warten: Kürzlich wurde ein Schauspieler für einen versuchten Fernsehdiebstahl im Jahre 1992 selbst noch zu einer Haftstrafe auf Bewährung verdonnert. Ausländern wird nach zeitweiser Konfiszierung ihres Passes hingegen meist relativ schnell der Prozess gemacht. Doch auch beim raschen Erhalt eines Gerichtstermins sind Geduld und strapazierfähiges Sitzfleisch gefragt. Immerhin: Wer das stundenlange Ausharren im zugigen

Treppenhaus überstanden hat, weiß die Strafe erleichtert als Ende aller Wartequalen zu schätzen.

Doch erst gilt es, die Prozess-Tücken zu überstehen. Als Journalist hätte ich doch von der Monatsfrist beim Visa-Antrag wissen müssen, fuhr mich der greise Herr vor der Landesflagge eher mürrisch an. Meine Ausflucht, dass ich mich beim Termin verrechnet habe, schien meinen Richter kaum zu interessieren. Was ich denn als Journalist von der sogenannten Unabhängigkeit des Kosovo halte und ob ich dort häufig sei, wollte der Herr in der Robe stattdessen wissen: Seine ganze Familie stamme aus Serbiens Ex-Provinz.

Noch war das Urteil nicht gesprochen – und darum Diplomatie gefragt. Ich murmelte etwas von einem „delikaten Konflikt" und wurde schließlich zu einem mittleren Strafmaß von 50 Euro verdonnert. „Lesen Sie gerne?", fragte mich mein Richter, während die Gerichtsschreiberin noch das Urteil protokollierte. Versöhnlich lächelnd überreichte er mir zum Abschied seine Lebensweisheiten in Versform: „Ich schreibe nämlich auch!"

Als eher sportlich interessierter Rechtshüter erwies sich hingegen der Richter in der Lederjacke, dem ich kürzlich nach einem von mir verschuldeten Auffahrunfall gegenübersaß. Ja, er schätze Borussia Dortmund und dessen Trainer sehr, gestand er, als ich ihm von meiner Studienzeit in der westfälischen Fußballmetropole berichtete: „Das ist phänomenal, was der Klopp in Dortmund macht."

Mit meiner Tat hielt er sich hingegen kürzer auf. Journalisten hätten es immer viel zu eilig, „aber wir machen ja alle mal Dummheiten", sagte er nachsichtig, während er mir mit 130 Euro eine Buße am unteren Ende der Strafskala verpasste. Das Urteil akzeptierte ich flugs und klaglos. Bei seiner Nachfrage, wie es denn in meiner Heimat vor Gericht so zugehe, musste ich meinen milden Richter aber dann doch enttäuschen. Mit ungläubigem Kopfschütteln quittierte er mein Geständnis, dass ich dort als Angeklagter noch nie vor Gericht gestanden habe.

(Belgrad, November 2011)

RÜCKKEHRER OHNE REUE
Blick in die Halbwelt: Eine Belgrader Begegnung der anderen Art

„Bist Du verrückt?", fragte mich nach der nächtlichen Recherche verärgert die entgeisterte Partnerin: „So einem Kerl hast Du Deine Karte gegeben?" Manchmal bringt der Job den Korrespondenten mit Menschen zusammen, mit deren (Halb-)Welten er wenig gemein hat. Dragutin (Name geändert) hatte ich am Flughafen getroffen. Er war der einzige Passagier eines Sonderflugzeugs, der über seine Erfahrung bei der Abschiebung aus Deutschland sprechen wollte.

„Gib mir Deine Nummer", er werde anrufen, so die hastige Botschaft des eiligen, aber gut gelaunten Rückkehrers. Die Visitenkarte gab ich ihm. Doch seine Verlässlichkeit stellte ich lieber nicht auf die Probe. Sicherheitshalber hastete ich seinem in der Dunkelheit entschwindendem Taxi mit dem eigenen Vehikel hinterher: Im fahlen Neonlicht einer schlichten Herberge am Bahnhof erzählte mir Dragutin schließlich die Geschichte seiner Zwangsheimkehr.

„Fair und zuvorkommend" sei er behandelt worden, habe selbst ein Sandwich erhalten, berichtete der grauhaarige Serbe über seinen Zwangsheimflug. Als abgelehnter Asylbewerber wie vermutet entpuppte sich mein Gesprächspartner keineswegs. Ein Drittel seines Lebens habe er im Knast gesessen, zuletzt dreieinhalb Jahre in Deutschland, erzählte er mit einem Lächeln: Am Morgen sei er entlassen – und zum Flughafen verfrachtet worden. Groll hege er über die Abschiebung keineswegs: „Die Straßen, die Leute, die Freiheit: ich fühle mich zuhause – und großartig."

Ein Mord hatte dem früheren Kellner vor über zwei Jahrzehnten den Einstieg in seine lange Justizkarriere beschert. Im mazedonischen Skopje habe ein Polizist seine Frau belästigt und ihn bespuckt, erinnert sich Dragutin an den Tag, der seinem Leben die fatale Wendung gab: „Ich sagte ihm, nun bist Du betrunken, aber wir sehen uns morgen wieder." Gesagt, getan. Am nächsten Tag zog der erboste Ehemann mit geladener Pistole vor der Polizeiwache auf: „Als der Kerl herauskam, feuerte ich das Magazin auf ihn ab."

Bei der Verhaftung habe ihn selbst der Polizeikommandant per Handschlag zum Ehrenmord gratuliert, berichtete Dragutin nicht ohne Stolz: „Er sagte mir, „svaki ti čast – Dir alle Ehre." 17 Jahre der ihm aufgebrummten 20 Jahre Haft hatte Dragutin hernach auszusitzen. Seine Ehe zerbrach. Doch den Mord mit Vorsatz würde er heute „sicher" wieder begehen, versichert er ohne Reue: „Hätte ich nicht gehandelt, hätte der Kerl mir die Frau weggeschnappt."

Hinter Gittern erhielt Dragutin die Kontakte für seinen späten Einstieg ins Drogenkuriergeschäft. Mit zweieinhalb Kilo Heroin im Korsett machte er sich nach seiner Entlassung von Istanbul gen Offenbach auf: „Es war ein guter Deal, alle Unkosten und Hotels bezahlt. 5000 Euro pro Tour – das war für mich wirklich viel Kohle." Das erste Mal kam Dragutin ans Ziel, bei der zweiten Tour wurde er bei der Übergabe geschnappt: „Ich hatte Glück, bekam nur dreieinhalb Jahre Haft für zweieinhalb Kilo. Andere sitzen für weniger viel länger ein."

Vorläufig hat die Freiheit den Knastveteranen endlich wieder - wie lange ist eher ungewiss. Denn seine Rehabilitation scheint nicht ganz geglückt. Er habe nur 100 Euro in der Tasche, antwortete er auf die Frage nach seinen Plänen. Erst wolle er „alte Freunde" aus dem Gefängnis treffen: „Ich muss etwas tun, ich brauche Geld. Entweder jemand töten oder die

Leute mit Drogen vergiften – irgendeine Arbeit muss gefunden werden."

Er habe sich gefreut, mich kennen gelernt zu haben, versicherte Dragutin mir beim letzten Bier in der Hotelbar und erklärte mich flugs zum „neuen Freund". Dem Haushaltsfrieden sei Dank hat er sich seitdem (noch) nicht gemeldet. Vielleicht hat Dragutin auch wieder die vertraute Pritsche im Visier. Es gebe keinen Weg zurück, das „Leben geht weiter", hatte der reuelose Rückkehrer beim Abschied sinniert: „Wie weit es uns bringt - wir werden sehen."

(Belgrad, Mai 2013)

FLUCHT AUS DER KORNKAMMER
Kroatiens neuer Gastarbeiter-Exodus trifft vor allem Slawonien

Der Abschiedsschmerz verdrängt das Reisefieber. Unter den hohen Pfeilern des Busbahnhofs im kroatischen Osijek steht der Fernbus nach Frankfurt zum Einstieg bereit. Doch Reisefreude kommt bei dem stoppelbärtigen Zvonimir keine auf.

Einst hatte der 30jährige aus Djakovo Ökonomie studiert. Wirtschaftliche Zwänge nötigen den Kroaten nun, sein Arbeitsglück in der Fremde zu suchen. In Frankfurt fehlten ihm die Familie und die Freunde, zuhause eine Arbeit und Perspektive, erklärt mir der seit einem Jahr in Deutschland als Möbelpacker arbeitende Volkswirt sein Dilemma: „Wenn ich die Wahl hätte, würde ich lieber hier leben."

Seit dem Wegfall der Beschränkungen für Kroaten auf dem deutschen Arbeitsmarkt im Juli letzten Jahres hat sich der Gastarbeiteraderlass ins Ausland spürbar verstärkt. Vom „Exodus" berichten besorgt die kroatischen Medien. Drei Mal täglich über Wien und München nach Stuttgart, mehrmals die Woche nach Basel oder Bern: Großformatige Plakate buhlen in der Schalterhalle um Reisende und Kunden.

Ob Morgen-, Mittag- oder Abendbusse: Spätestens in Osijek sind die aus den Grenzgemeinden Ilok oder Vukovar durch Slawonien in Richtung der mitteleuropäischen Arbeitshochburgen rumpelnde Fernbusse fast immer bis zum letzten Platz besetzt. Von seinen Freunden lebe die Mehrheit im Ausland, berichtet Zvonimir: „Fast alle arbeiten in Deutschland, Irland, Norwegen oder den USA. Hier gibt es keine Jobs."

Heiß brütet die Mittagssonne über den fruchtbaren Auen der Pannonischen Tiefebene. Als Kornkammer Kroatiens gilt Slawonien bis heute. Doch ihren laut der Volkszählung von 2011 auf rund 800 000 geschrumpften Bewohnern vermag die einstige Vorzeigeregion kaum mehr Brot zu geben. „Wir werden zu einer Stadt der alten Leute", seufzt in Vukovar der Journalist Milan Paun: „Schon jetzt besteht die Hälfte der Bevölkerung aus Pensionären. Jede dritte Wohnung steht leer. Ganze Familien ziehen weg. Es ist eine Katastrophe."

Zum zweiten Mal in diesem Jahr macht sich in Osijek der hagere Dušan nach Stuttgart auf. „Wenn Du etwas Deutsch kannst und arbeiten willst, findest Du dort immer einen Job", sagt der 48jährige Familienvater. Bei meiner Frage, warum er zum Arbeiten in die Fremde gehe, zuckt der braungebrannte Kraftfahrer mit den Schultern. Ein halbes Jahr sei er nach

Bankrott seines letzten Arbeitgebers ohne Einkünfte gewesen. Von seinen vier Kindern habe keines einen festen Job. „Dass ich gehe, ist für uns alle schwer. Aber was sollen wir tun?"

Historisch sei Slawonien immer eine Region gewesen, in der Wellen der Abwanderung denen der Zuwanderung folgten, berichtet mir in Vukovar der Demographie-Professor Dražen Živić. Nach dem Zweiten Weltkrieg sei die zu jugoslawischen Zeiten relativ wohlhabende Region jahrzehntelang das Ziel von Immigranten aus Dalmatien, Bosnien und Südserbien gewesen. Nicht nur wegen der verstärkten Nachfrage in Deutschland und Österreich nach Arbeitskräften setzte in den 70er Jahren eine Welle der Emigration ein: „Die Modernisierung der Landwirtschaft setzte Arbeitskräfte frei, die von der Industrie nicht absorbiert werden konnten. Der Kroatienkrieg verstärkte die Emigration ins Ausland. Viele der Vertriebenen – ob Kroaten oder Serben – kehrten nicht mehr zurück."

Nun sind es die verspäteten Freizügigkeitssegnungen des EU-Beitritts von 2013, die viele die Koffer packen lassen. Nur wenige Auswanderer melden sich jedoch in ihrer Heimat ab. Wie viele Menschen Slawonien verlassen, ist wegen der dürftigen Datenlage kaum zu erfassen. Spätestens die nächste Volkszählung in fünf Jahren werde den Verlust von weiteren 100 000 Einwohnern dokumentieren, fürchtet Živić. Mit jedem Jungen, der abwandere, verliere Slawonien an Zukunft – und oft wertvolle Fachkräfte: „Wenn heute ein Investor in Slawonien eine Großfabrik eröffnen würde, hätte er Probleme, ausreichend qualifiziertes Personal zu finden."

Koffer und Reisetaschen verschwinden hinter der Ladeklappe. Heimisch sei er in Deutschland nicht geworden, gibt Zvonimir offen zu. Für seine Pritsche im Dreibettzimmer habe er 265 Euro im Monat zu zahlen, das Badezimmer teile er mit neun Mitbewohnern: „Ich bin in Frankfurt nur, um zu arbeiten und zu schlafen. Ein richtiges Leben habe ich dort nicht."

Die letzten Zigaretten werden ausgedrückt, Brüder, Frauen und Eltern geherzt. Ein zurückbleibender Greis verdrückt mit feuchten Augen seine Tränen. Zvonimir umarmt seine Eltern, bevor er mit bedrückter Miene in den Bus steigt. Stumm winkt die Mutter dem Bus hinterher. „Was soll man machen?", sagt mir sein Vater: „So ist eben das Leben."

(Osijek, Juni 2016)

NIEMALS ERZIEHT MAN IN SERBIEN ALLEIN
Der Belgrader Mitmensch sorgt sich auch um das fremde Kind

Die Lobeshymne war überschwänglich - und kurz. „Was für ein lieber Junge, was für Augen! Ein Kind wie Honig!", verkündete im vollbesetzten Trolleybus auf der Belgrader König-Milan-Straße lautstark eine dunkelhaarige Mitfahrerin. Der Sohn auf meinem Schoß ließ die Komplimente mit stetem Blick aus dem Busfenster routiniert an sich abgleiten. Den Eltern blieb zum Dank für die Huldigung ohnehin keine Zeit. Denn nach der kurzen Nachfrage, ob der 20 Monate junge Spross ein Einzelkind sei, setzt eine Kanonade mahnender Belehrungen ein: „Was für ein großer Fehler! Einzelkinder sind verzogen, einsam, unglücklich – und lernen kein Sozialverhalten. Einzelkind, das ist nichts!"

Eine Gelegenheit zur Erwiderung oder Beruhigung gewährte die zeternde Dame nicht. Erst nach ihrem Ausstieg drei Haltestellen später kehrte im Bus zur Erleichterung der wissend grinsenden Mitreisenden wieder etwas Ruhe ein. Denn niemals erzieht man in Belgrad allein: Der serbische Mitmensch sorgt sich vor allem auch um das fremde Kind.

Auch in dem gebeutelten Balkan-Staat warnen besorgte Demographen vor dem allmählichen Aussterben der heimischen Nation. Doch mit der Überalterung der Gesellschaft allein ist die Anteilnahme der Serben am Nachwuchs der Mitbürger kaum zu erklären: Zur traditionellen Kinderfreundlichkeit der südlicheren Breitengrade gesellt sich das extrovertierte Bedürfnis, Meinungen und Empfinden lautstark mit anderen zu teilen.

„Jetzt wirst Du schon von zwei fremden Frauen ausgeführt", begrüßte kürzlich der etwas Nachbar aus dem Erdgeschoss mit tadelndem Blick auf den ihn begleitenden Erziehungsberechtigten den Sohn. Auch nach der Auskunft, dass mein Kind außer zwei berufstätigen Eltern und der Babysitterin eben auch noch eine Oma habe, die hin und wieder mit ihm spazieren gehe, ließ er sich in seinem Ingrimm nicht erschüttern. „Deine Eltern verziehen Dich, mein Freund!", beschied er kopfschüttelnd meinem sprachlosen Spross.

Doch auch an praktischen Hinweisen wird beim Spaziergang mit Kind zum Markt oder Park nicht gespart. „Dein Junge hat Durst – gib ihm zu trinken", mahnte kürzlich eine Roma-Frau. „Die Sonne blendet ihn, hänge doch eine Windel vor den Kinderwagen!", so der Ratschlag eines Gemüsehändlers.

Stete Kritik an den Eltern ist normal, Klagen über den Nachwuchs im kinderfreundlichen Serbien eher ungewöhnlich. Auch Wildfremde erkunden sich fürsorglich und ausdauernd über die Zahl der Monate und Zähne neuer Erdenbürger. In Wirtshäusern scheinen Kellner und Gäste von quäckenden Jung-Gästen keineswegs genervt, sondern eher hoch erfreut. In der nahen Schänke „Lovac", dem „Jäger", wird mein Sohn schon wie ein alter Bekannter begrüßt – und vom fürsorglichen Ober Nenad selbst zum Kontrollgang in die Küche geführt.

Die Sorge ums noch ungeborene Kind macht derweil auch vor werdenden Müttern nicht halt. Belgrads Schwangere dürfen den öffentlichen Nahverkehr gratis nutzen – und an den langen Warteschlangen bei der Post und im Supermarkt vorbei zur Spitze marschie- ren. Den staatlichen Zuschuss von 60 Prozent des Salärs rundet die Stadt Belgrad während des einjährigen Erziehungsurlaubs trotz leerer Kassen großzügig auf das volle Gehalt auf. Die großherzigen Pläne von Serbiens neuen nationalpopulistischen Machthabern, die noble Hauptstadtregelung auf das ganze Land auszudehnen, sind angesichts des leeren Staatssäckels hingegen eines lautlosen Todes gestorben. Trotz des vielstimmigen Klagegesangs über den nationalen Kinderschwund füllen sich Mütterfüllhörner eben auch in Serbien leider nicht von allein.

Doch manchmal treibt in Belgrad die Sorge ums künftige Kind auch eher merkwürdige Blüten. „Was sind das für junge Leute, die nicht einmal für eine Schwangere aufstehen", wetterte kürzlich eine alte Dame, als die etwas füllige Kollegin meiner Bekannten Marija den Bus bestieg. Den ihr von der Frau resolut aufgedrängten Platz nahm die vermeintlich Schwangere derweil eher betreten und mit gesenktem Kopf an. „Bin ich wirklich so dick?", fragte sie ihre hämisch grinsenden Kolleginnen zerknirscht nach ihrer Ankunft im Büro.

(Belgrad, Dezember 2012)

WÖCHENTLICHER GENERATIONENSPRUNG
Serbiens Rentner haben es nicht leicht – und müssen dennoch ihren Familien helfen

Immer zu Wochenbeginn droht mir in Serbiens Hauptstadt Belgrad der Generationensprung. „Sind Sie Rentner?", lautet die ernüchternde Frage, die mir beim Gang zum nahen Lebensmittelmarkt an der Kasse entgegenschallt. Mein Hinweis, dass mir bis zum Erreichen des Rentneralters noch über ein Jahrzehnt Zeit bleibe und bis dahin die Verweildauer in der Arbeitsmühle ohnehin um ein paar Jährchen erhöht werde, beeindruckt die Kassiererinnen genauso wenig wie meine besorgte Gegenfrage, ob ich tatsächlich schon so alt aussehe.

Inzwischen frage ich längst nichts mehr. „Wir müssen Sie fragen", gestand mir eine müde Kassierin: Es sei der den Rentnern am Aktionstag zustehende Preisnachlass von zehn Prozent, der sie zur Altersbefragung aller potenziellen Rabattempfänger verpflichte.

Tatsächlich tummeln sich montags stets wesentlich mehr weißhaarige Kunden in den engen Ladenschluchten. Denn zum sorgfältigen Umdrehen jeden Dinars haben Serbiens Rentner bei ähnlichen Supermarktpreisen wie in Westeuropa allen Grund. Gerade einmal 23 799 Dinar – knapp 200 Euro – beträgt die monatliche Durchschnittsrente: Nicht wenige Empfangsberechtigte müssen gar mit Mini-Renten zwischen 80 und 120 Euro über die Runden kommen.

Selbst eine erfolgreiche Berufskarriere bewahrt Serbiens Pensionäre kaum vor der sparsamen Lebensführung. So zählt ein mir bekannter Ex-Professor mit einer Rente von umgerechnet 600 Euro bereits zu den wenigen glücklichen Spitzenverdienern: Seine Frau muss sich als frühere Lehrerin hingegen mit einer Rente von 300 Euro bescheiden.

Ob bei eisiger Kälte und drückender Sommerhitze: Lange Schlangen vor der Post künden allmonatlich von der Auszahlung der Renten. Dass deren ergraute Empfänger sich lieber am ersten Zahltag oft stundenlang die Beine in den Bauch stehen, statt sich ihre Renten zwei, drei Tage später ohne lange Wartezeiten abzuholen, hat einen schlechten Grund: viele Rentner zweigen von ihrem kargen Obulus auch noch einen Teil für die Kinder und Enkelkinder ab. Denn selbst Arbeit schützt nicht unbedingt vor leeren Haushaltskassen: Zwei Dritteln der Beschäftigten ist selbst Serbiens statistischer Durchschnittslohn von angeblich knapp 400 Euro im Monat nicht vergönnt.

Ob mit dem Verkauf der eigenen Wohnung oder deren frühe Abtretung an die in Finanznöte geratenen Erbberechtigten: Trotz ihrer Mini-Renten müssen Pensionäre oft auch noch ihren Nachkommen helfen. Zu deren Wohl verschieben viele Rentner gar mit schlecht entlohnten Nebenjobs ihren verdienten Ruhestand. So ist in Belgrad beispielsweise der sommerliche Eisverkauf fest in Rentnerhand. Zehn Jahre stehe sie schon von Frühjahr bis Herbst neben ihrer Eistruhe täglich über zwölf Stunden an der Straße, erzählte mir einmal eine betagte Eisverkäuferin. Mit einem Monatsverdienst von 100 Euro lohnten sich die Strapazen eigentlich kaum: „Aber ich muss doch meiner Tochter helfen."

Zumindest muss man sich als serbischer Senior mit seinen Nöten nicht alleine fühlen. Obwohl die Lebenserwartung der Serben mit rund 75 Jahren gut fünf bis sieben Jahre unter der der Bewohner Mittel- und Westeuropas liegt, dümpelt deren Durchschnittsalter mit relativ hohen 41 Jahren auf fast demselben Niveau. Die zunehmende Vergreisung des Landes wird nicht nur durch eine niedrige Geburtenquote, sondern auch durch die Dauerkrise und anhaltende Abwanderung gespeist: Meist bleiben nur die Alten zurück, wenn die Jungen in der Hoffnung auf ein besseres Leben die Emigrantenkoffer packen. Auf höhere Bezüge werden die geplagten Rentner angesichts der Ebbe im Belgrader Staatssäckel und schrumpfender Bevölkerung auch in Zukunft kaum zählen können: Schon jetzt übertrifft die Zahl der staatlichen Leistungsempfänger die der Steuerzahler

Der leere Geldbeutel ist es wohl auch, der in meinem Lebensmittelmarkt manche Kunden gerne verfrüht in die Rentnerrolle schlüpfen – und die wöchentliche Rentnerfrage willig bejahen lässt. „Hier sind viele angebliche Rentner jünger als Sie", berichtete mir einmal eine Verkäuferin mit einem Achselzucken.

Vielleicht auch, weil im eher überalterten Serbien fast alle sich abkämpfen, um über die Runden zu kommen, darf sich denn jeder auch ein wenig als

Rentner fühlen. In die Senioren-Solidargemeinschaft werde ich von betagten Belgradern bei Parkexkursionen mit den Kindern großzügig aufgenommen. „Wie alt sind denn Ihre Enkel?", lautet ihre neugierige, für den Vater wenig schmeichelhafte Lieblingsfrage.

(Belgrad, Februar 2017)

ALLMORGENDLICHE ZEITUNGSQUAL
Der tägliche Abstieg in Serbiens vulgären Blättersumpf ist kein Lesegenuss

Die Warnung war kurz und eindringlich, aber aufrichtig gemeint. „Warum kaufen Sie gleich so viele davon?", fragte besorgt der neue Verkäufer im Kiosk an der Belgrader Maxim-Gorki-Straße, während er sichtbar angewidert mir den gerade abgerechneten Zeitungsberg über die Kassentheke schob: „Passen Sie auf! Diese Blätter vergiften das Hirn!"

Die entspannte Lektüre von Zeitungen hatte ich Zeit meines Leserlebens eigentlich immer geschätzt. Doch die Zeiten, dass das allmorgendliche Rascheln durch die Welt der Politik, des Fußballs und des Tratsches mit einer frisch aufgebrühten Kasse Kaffee zu einer der angenehmsten Momente des Tages zählte, liegen schon lange zurück: Seit meinem Umzug nach Belgrad vor über einem Jahrzehnt ist der tägliche Abstieg in Serbiens berüchtigten Pressesumpf eher berufsbedingte Qual als entspannter Genuss.

Schon lange bevor der Ausdruck der sogenannten „Fake news" die Medienwelten eroberte, hatte sich die Praxis gezielt eingesetzter Falschmeldungen im Kriegsjahrzehnt der 90er Jahren in den Redaktionsstuben des zerfallenden Jugoslawiens fest eingenistet: Mit von Geheimdiensten gespeisten Propagandameldungen über die Opfer der eigenen und die vermeintlichen Gräueltaten der anderen Nation suchte die regierungsgesteuerte Presse über alle neuen Grenzen hinweg die Moral an der Heimatfront zu heben – und die von den eigenen Waffenträgern begangenen Verbrechen zu kaschieren.

Die Jugoslawienkriege sind längst vorbei. Doch noch immer oder wieder bestimmen die Geheimdienste und Spindoktoren der Regierungsparteien bei Serbiens weitgehend handzahm gemachten Medien den Takt. Ob düstere Auslandsmächte, böswillige Oppositionspolitiker und obskure Geldgeber nun vermeintliche Staatsstreiche und Attentate gegen den unerschrockenen Landesvater planen oder ausländische Tierschänder gar die Massenvergewaltigung heimischer Straßenhunde ins Auge fassen: Wilde Verschwörungstheorien sind Trumpf und vermitteln den Lesern den Eindruck, dass sich die Sonne der Weltöffentlichkeit unaufhörlich vor allem um Serbiens geplagte Erde dreht.

Doch es sind weniger die Propagandaergüsse sattsam bekannter Politikernasen als Stil und Sprache, die die Zeitungslektüre selbst für Berufsleser zur Qual machen. Ungehemmt drohen sich Goldkehlchen, Reality-Show-Stars oder Halbweltgrößen unter dem Einsatz vulgärsten Vokabulars ihren jeweiligen Müttern, Schwestern und Töchtern Todschlag und sexuellen Missbrauch an. Bluttriefend und ohne jegliche Rücksicht auf die Opfer pflegen die Gazetten jeden Mord oder Verkehrsunfall seitenlang und notfalls monatelang auszuwalzen. Ein Pressekodex besteht nur auf dem Papier. Als „Hurenhaus ohne Wände" beschreibt das seriöse Wochenblatt „NIN" entnervt den heimischen Boulevardpressesumpf.

Dennoch erreicht jede Botschaft ihre Leser. „Hast Du gelesen? Borussia Dortmund hat Usain Bolt verpflichtet," begrüßte kürzlich mein Lebensmittelhändler aufgeregt seinen einzigen deutschen Kunden. Mein Einwand, dass es sich eher um eine Spaßeinladung zum Probetraining gehandelt habe, der einstige Sprintstar aber keineswegs für Gelb-Schwarz die Stiefel schnüre, beeindruckte ihn hingegen kaum: „Das stand aber im Informer." Kritischer sieht hingegen der Zeitungsverkäufer in der Maxim-Gorki-Straße die von ihm unters Volk gebrachten Postillen: „Kaufen Sie lieber Zigaretten – die sind besser für Ihre Gesundheit."

(Belgrad, Januar 2018)

BEFREITES AUFRAUCHEN
In Serbiens Nachtleben ist das Eintauchen ins Qualm-Aquarium immer noch unvermeidlich

Und ewig ruft die Stadt, die niemals schläft. Doch meist verhallt der Lockruf des Belgrader Nachtlebens im Kleinkinderkorrespondentenhaushalt mittlerweile ungehört – oder klingt in den müden Elternohren wie ein fernes Rauschen aus einer anderen, weit zurückliegenden Zeit. Aber kürzlich standen die Ausgehsterne für den betagten Jungvater gut. Von der ermatteten Co-Erziehungsberechtigten kam grünes Licht für die kleine Flucht in die Nacht hinaus. Auch Freund Dušan vermochte sich von Frau und Kind los zu schweißen - und harrte mit laufendem Motor vor der Haustürpforte.

„Sollen wir die Jacken nicht lieber im Auto lassen?", fragte er routiniert, nachdem er vor dem angesteuerten Musentempel an der Save endlich einen Parkplatz ergattert hatte. Fast hatte ich die Notwendigkeit dafür vergessen, aber natürlich stimmte ich hastig zu: Denn solange die lauen Terrassennächte noch nicht begonnen haben, ist in Serbiens Nachtleben das Eintauchen in ein atemberaubendes Qualm-Aquarium angesagt.

Von bloßem Passivrauchen kann in den Belgrader Kneipen, Tanztempeln oder selbst Restaurants keine Rede sein. Der allgegenwärtige Nikotinteer asphaltiert nicht nur die letzten jungfräulichen Lungenbläschen, sondern setzt sich auch nachhaltig in Hautporen, auf Hemdfasern und der verbliebenen Haarpracht fest.

Wer Glück hat, verfügt nach der Heimkehr über einen überdachten Balkon zum Auslüften der eigenen Räuchertextilen. Bei weiblichen Gästen kurbelt der Abstecher in Belgrads Kneipenwelt zumindest den heimischen Shampoo-Konsum kräftig an: Denn Serbinnen haben oft langes – und sehr volles Haar.

Die eifrigen EU-Statistiker haben die serbischen Liebhaber des Rauchwerks im Vorzimmer von Europas Wohlstandsbündnis noch nicht erfasst – und würdigen fälschlicherweise die Griechen als eifrigste Raucher des Kontinents. Doch was die Intensität des Zigarettenkonsums betrifft, sind Serbiens Raucher auch ohne statistische Bestätigung selbst für nichtschmauchende Erfahrungsexperten einsame Spitze. Die weltweite Nichtraucher-Globalisierung hat den Balkanstaat noch nicht erreicht. Dem blauen Dunst kann im Raucherparadies Serbien fast überall und völlig ungestört gefrönt werden.

Trotz ständiger Steuererhöhungen sind Rauchwaren im Serbenland für einen Bruchteil westeuropäischer Preise zu haben. Vor einigen Jahren rangen sich Serbiens Volksvertreter auf Druck Brüssels zwar zur Verabschiedung eines vermeintlichen Rauchverbots am Arbeitsplatz zu. Doch hernach waren sie auch die ersten, die sich zur Freude des hämischen Publikums von den Paparazzi beim heimlichen Rauchen an ihrer Wirkungsstätte erwischen ließen.

In fast jedem Wirtshaus sind der guten Ordnung halber einige Nichtrauchertische ausgewiesen. Doch Dunst kennt keine Grenzen, erst recht keine imaginären: Ob zur Vorspeise oder Nachtisch, zum Rakija vorab oder dem Kaffee danach - der Gast raucht mit, ob er will oder nicht.

Ein dichter Schleier über den wogenden Häuptern verstellte auch im „KC Grad" den Nachtschwärmern und angegrauten Familienflüchtlingen den Blick auf die angekündigten Rockbarden aus Memphis. Wie

16jährige bei ihrem ersten Joint gönnten sich die Bühnengäste aus dem fernen Amerika fast nach jeder Nummer mit einem ebenso ungläubigen wie glückseligen Lächeln einen tiefen Zug an ihren Glimmstängeln. In den USA könne man es als „anständiger Rockstar" allenfalls noch in New York wagen, sich während des Konzerts eine Zigarette anzuzünden, berichtete die begeisterte Sängerin: „Aber nur, wenn man das Publikum davon überzeugen kann, dass dies ein fester Bestandteil der Bühnenshow ist." Ihrem befreiten Aufrauchen folgte später mein befreites Aufatmen. Nie mundet die schwere Luft in Belgrad so gut wie beim Verlassen der zahlreichen Räucherkammern der Stadt.

(Belgrad, September 2014)

MIT UNGARISCH NACH SCHWEDEN
Karriere nur mit Vitamin B und Parteibuch: Fachkräfte-Exodus aus dem Balkan hält an

Mager bezahlte Arbeit hat Nachbarin Mira eigentlich genug. Doch nun lässt der Masseurin die harte Fron des Sprachunterrichts zum Nachbarschaftsplausch noch weniger Zeit. „Puh, Ungarisch ist wirklich schwer", klagte sie unlängst, während sie sich in einer kurzen Pause auf unser Sofa fallen ließ. Irgendwie hatte ich wohl etwas verpasst – Miras neue linguistische Neigungen waren mir bis dahin völlig entgangen. „Warum lernst Du denn ausgerechnet Ungarisch?" fragte ich neugierig. „Ich will doch nach Schweden", so ihre etwas verblüffende Antwort.

Von Besuchen bei ihren in Göteborg lebenden Angehörigen weiß Mira, dass Masseure in Schweden gefragte Arbeitskräfte sind. Doch mit dem serbischen Pass bleibt ihr die Auswanderung ins Arbeitsreich der klingenden Kronen verwehrt: Es ist die Aussicht auf den ungarischen EU-Pass, die Mira nun kräftig die langen Vokabeln der Magyaren pauken lässt.

Zu Serbiens ungarischer Minderheit zählt Mira zwar keineswegs. Doch großzügig stattet der nach dem Ersten Weltkrieg kräftig geschrumpfte Donaustaat alle Nachfahren der Bewohner seines einstigen Territoriums mit dem ungarischen Pass aus – sofern ausreichende Sprach-Kenntnisse beim Plausch mit dem Konsulatsbeamten nachgewiesen werden können.

Den Drang in die Fremde verspürt nicht nur unsere Nachbarin. Fehlende Perspektiven, geringe Gehälter und eine hohe Jugendarbeitslosigkeit lassen alljährlich zehntausende - überwiegend junge Serben, Kroaten oder

Bosnier ihr Heil in der Emigration suchen. Auch bei den EU-Nachbarn Bulgarien, Rumänien oder Ungarn suchen immer mehr Ärzte und Ingenieure ihr Arbeits-Glück in der Fremde. Allein Rumänien hat seit dem EU-Beitritt 2007 über 14000 abgewanderte Ärzte verloren – die Zahl der ausgewanderten Krankenschwester und Pfleger wird auf das zwei bis dreifache geschätzt.

Auf dem traurigen 141. von 144 Plätzen, aber noch vor dem Tabellenletzten Birma rangiert Serbien in der so genannten „brain-drain"-Rangliste des Weltwirtschaftsforums. Auch mein früherer Büro-Nachbar Andreja ist schon weg. Nach seinem Studium in Belgrad hatte er vergeblich versucht, eine Anstellung als Assistenzarzt im eigenen Land zu finden. „Entweder musst Du in eine Partei eintreten oder irgendeinem Personalchef 20 000 Euro in den Hintern schieben", erklärte er mir damals frustriert, warum er zunächst als Vertreter eines Schweizer Pharmakonzerns seine Brötchen verdiente.

Schließlich hatte Andreja vom Klingenputzen im Dienst ausländischer Pillendreher genug. Ein Jahr paukte der Serbe Slowenisch, bevor er dort in einem Provinzkrankenhaus seine erste Assistenzarztstelle antreten konnte. Die Bezahlung lasse sich nicht mit dem Salär westeuropäischer Ärzte messen, doch sei „anständig", so die Auskunft meines mittlerweile in Sloweniens Hauptstadt übergesiedelten Vermieters. Heimweh und Rückkehrgelüste plagen ihn nicht: Inzwischen hat er in Ljubljana eine Wohnung erstanden.

Leistung werde in Kroatiens korruptem Gesundheitssystem nicht belohnt, Karriere könnten nur Kollegen mit „Vitamin B" machen, hatte mir vor einiger Zeit auch unsere Zagreber Familiencousine Branka ihr Berufsleid geklagt. Entnervt packte die Anästhesistin schließlich letztes Jahr trotz ihres relativ hohen Berufsalters von 53 Jahren ihre Arbeitskoffer. Wesentlich besser entlohnt arbeitet Branka nun an einer Klinik in Wien.

Ausgewandert ist letztes Jahr auch Brankas Tochter Veronika. Obwohl einer der Jahrgangsbesten unter Kroatiens Physik-Studenten konnte sie in ihrer Heimat keine Förderung für ihr Doktorat ergattern. Stattdessen offerierten ihr gleich mehrere Auslandsuniversitäten ein Stipendium. Inzwischen tüftelt die tatkräftige Veronika im schottischen St. Andrews an ihren Zahlenkurven. Ob ihr eigenes Land jemals von ihren Talenten und Kenntnissen profitieren wird, scheint eher ungewiss. Das Leben in der Fremde gefalle ihr gut, erzählte sie kürzlich am Telefon.

(Belgrad, Januar 2016. Mira hat inzwischen die ungarische Staatsbürgerschaft erhalten - und ist nach Stockholm umgezogen.)

GRENZENLOSE HERZENSBANDE
Ihr getrennter Alltag gibt den ex-jugoslawischen Nachbarn immer weniger Gelegenheit zur Liebe

Auch ein Urlaubstag kann im Morgengrauen beginnen. Pünktlich hatten wir am frühen Morgen unser Gefährt auf den Wartestreifen vor der Fähre in der kroatischen Hafen-Metropole Split gerollt. Noch einmal ließen wir den Blick über die nahen Palmen vor den sonnenüberfluteten Fassaden des altehrwürdigen Diokletian-Palastes auf der Riva schweifen, als uns plötzlich ein energisches Pochen an die Fensterscheibe aus unserer Urlaubs-Muse riss. Warteten wir etwa vor dem falschen Inseldampfer?

„Ihr kommt doch aus Belgrad?", fragte ein junger, ganz in weiß gekleideter Hafenmitarbeiter durch das hektisch herunter gekurbelte Fenster in beruhigend freundlichen Ton. Er sei kürzlich selbst in Serbiens Hauptstadt gewesen, habe dort eine sehr sympathische Jelena kennen gelernt, die in einem der Wohnsilos in Neu-Belgrad am Zoran-Đinđic-Boulevard wohne, erzählte der Jüngling mit weichen dalmatinischen Zungenschlag: „Wisst Ihr, wie und wo man am besten serbische Telefonnummern finden kann?"

Gelegenheit zur ganz persönlich gelebten Liebe zwischen den Völkern gab es einst in dem nun zerfallenen Jugoslawien genug. Schon zum Wehrdienst wurden junge Bosnier, Kroaten, Mazedonier oder Serben bevorzugt in eine andere Bruderrepublik abkommandiert. Nicht nur beim Einsatz in sozialistischen Arbeitsbrigaden konnten sich auch potenzielle Turteltauben aus Slowenien oder Kosovo problemlos näherkommen. Meist waren es Studium, Arbeit oder der Bekanntenkreis, die die Liebesbande zwischen den ex-jugoslawischen Völkern knospen ließen: So lernte mein Belgrader Schwiegervater Momčilo seine kroatische Frau Brigita bei einer Verlobung von Freunden in Zagreb kennen.

Wurde in den 50er Jahren des vorherigen Jahrhunderts jede 12. Ehe zwischen Angehörigen verschiedener Völker geschlossen, war es in den 80er Jahren schon jede siebte Ehe-Bund „ethnisch" gemischt: Ein Drittel von Jugoslawiens sogenannten Mischehen waren serbisch-kroatische Liebesbande. Deren Kinder wollten oder konnten sich oft kaum ausschließlich mit der Herkunft ihrer Eltern identifizieren: Über fünf Prozent der Befragten gaben während der Volkszählung 1981 bei der Frage nach ihrer ethnischen Abstammung nicht wie üblich albanisch, kroatisch oder serbisch an, sondern kreuzten „jugoslawisch" an.

Doch das blutige Kriegsjahrzehnt der 90er Jahre sollte die zunehmende Liebesverflechtung der südslawischen Völker jäh unterbrechen. Ohne Gelegenheit gibt es mittlerweile viel weniger Liebe. Selbst die Zeiten, dass die einstigen Brudervölker zumindest im Sommer an der kroatischen oder montenegrinischen Adria Urlaubserinnerungen und Ferienflirts teilten, sind vorbei. Es sind nicht nur die Folgen der Jugoslawienkriege und die Furcht vor zerkratztem Autolack, sondern schlicht auch die niedrigeren Kosten, die die serbischen Urlauber heute lieber die ferne griechische als nähere kroatische Küste ansteuern lassen.

Der ex-jugoslawische Nachbarschaftsalltag hat sich ohnehin völlig getrennt. Statt in die ex-jugoslawische Hauptstadt Belgrad führen beispielsweise die Studien- und Arbeitswege junger Kroaten eher in die EU- Metropolen Berlin, London oder Stockholm. Die einst üblichen schnellen Wochenendtrips in die Metropolen benachbarter Bruderrepubliken sind hingegen mittlerweile passé. Nur junge Slowenen fallen wegen der niedrigeren Bierpreise und des regen Nachtlebens alljährlich zu Sylvester zu tausenden in Serbiens Ausgehmetropole Belgrad ein.

Zwar waren in den 90er Jahren viele gemischte Ehen unter dem Druck der Ereignisse und ihrer vom nationalen Taumel infizierten Familien zerbrochen. Doch die (fast) gleiche Sprache erleichtert zwischen einstigen Kriegsgegnern bis heute den persönlichen Kontakt: Gar so schlecht, wie die politisch eher triste Nachbarschaftsehe zwischen Serbien und Kroatien vermuten lässt, sind die zwischenmenschlichen Beziehungen keineswegs.

Nicht nur wenn in Belgrad bei den Split-Tagen Dalmatiens Pop- und Rockgrößen gastieren, haben grenzenlose Sympathien in der Donau-Metropole Konjunktur. Belgrad sei einfach eine „Super-Stadt", versicherte uns im Hafen von Split unser redseliger Gesprächspartner: „Alle waren dort nett zu mir. Ich habe nur gute Erfahrungen gemacht." Ob der junge Kroate seine serbische Muse mit Hilfe der von uns empfohlenen Telefonnummerwebsite wieder aufstöbern kann, scheint mir jedoch eher ungewiss: Der Belgrader Zoran-Đinđic- Boulevard ist leider genauso lang wie die Zahl der serbischen Jelenas groß.

(Split, Juli 2016)

ZUM AUTOR:

Den Zeitungen ist Balkan-Korrespondent Thomas Roser fast sein ganzes Leserleben verbunden. Schon als Grundschüler informierte sich der 1962 an der Mosel (Traben-Trarbach) geborene Schwabe mit Hilfe der Stuttgarter Zeitung über das Wohl und Wehe des VfB und der Kickers. Nach seiner Keramformerausbildung an der Porzellanmanufaktur Ludwigsburg wagte der Fußballfan per Journalistikstudium in Dortmund und Utrecht den Flankenwechsel ins Zeitungsgeschäft.

Sein Volontariat absolvierte er beim Kölner Stadt-Anzeiger. Als Benelux-Korrespondent berichtete er ab 1994 für mehrere deutsche Tageszeitungen wie die Frankfurter Rundschau, die Stuttgarter Zeitung oder den

Tagesspiegel (Berlin) aus Utrecht und Brüssel. 2001 wechselte der neugierige Grenzgänger als Polenkorrespondent nach Warschau.

2007 schlug der rastlose Roser seine Zelte im serbischen Belgrad auf. Die meisten der im vorliegenden Buch gesammelten Alltagskolumnen aus den Strassenschluchten des Balkans erschienen in der Stuttgarter Zeitung, der Sächsischen Zeitung, der Basler Zeitung und der Presse (Wien). Auch sonst erwies sich seine Übersiedlung an die Donau als fruchtbar: Inzwischen übt er sich in der Rolle des zweifachen und spät berufenen Jungvaters.